U0810154

年轻人，你就是想太多

（日）松浦弥太郎 著
王蕴洁 译

長江出版傳媒
长江文艺出版社

当您翻开任何一页时，
都能感受到作者用心创作时的体温和笑脸。

自序

盘点人生仓库，轻装上阵

本书有两大功效。书中提示了盘点人生仓库，从此换来一身轻的方法。

另一大功效，就是书中和读者分享了“只要有了它，人生无难事”的人生智慧。 •••

你身上是否背着不必要的行囊？你可以断言，自己的生活轻松简单吗？——有一天，我突然发现自己受到了重重束缚。

努力经营的工作和生命中重要的人之间的关系，无可取代的经验，自己的处世哲学，梦寐以求的至宝……每一件都是自己渴求已久，花费不少心血，耗费数年的时间才终于搜集到的至宝。

我的背包也因此在不知不觉中增加了分量，变得沉甸甸的，拿在手上时，根本无法自由活动。“这个也想要”，“那个也少不了”。如果在人生路上，把所有必需品都塞进背包，就会在不知不觉中，同时装进很多垃圾。“有了这个，感觉比较保险”“那个下次可能有机会用到，先留着吧”。

人生充满不安，为了消除这种不安，我借由充实各种装备来自我欺骗。于是，整天扛着一个几乎把自己的肩膀压垮的大背包，努力让自己感到安心。

幸福，却不安定。我陷入了这种状态。

人生的旅程从降临人世那一刻就拉开了序幕，十岁二十岁时，路途越走越宽，但任何人一开始上路时都没什么行李，轻装上阵，可以跑得很快。虽然背包里空空如也，却有足够的空间容纳各式各样的东西。

我曾高中辍学，漫无目的地前往美国，之所以能够渐渐借由书本结识各行各业的人，和他们建立各种关系，是因为那时候的我，带着空背包在人生的旅途上奔跑。之后，每当我有任何新发现，就不由分说地统统装进自己的背包。

我最初在纽约街头卖美术书籍，之后在中目黑开了“COW BOOKS”这家书店，开始写文章、从事编辑工作，两年前，又在因缘际会之下，开始担任《生活手帖》这本杂志的总编辑。

在工作上，想要做的事情越来越多，行李也不断增加。增加行李是一件令人快乐、欣喜的事情。但是，当我蓦然回首时，发现行李越来越重，连我自己都扛不动了。我能够带着这个背包活出自我，随心所欲、轻松走在未来的人生旅途上吗？——年过四十后，我有了这样的“发现和疑问”。

我不禁思考。轻装上阵，才能轻轻松松地往高处走。想要充分欣赏只有高处才能看到的风景，大包小包的行李只会成为累赘。进一步而言，去见上帝时，最好两手空空，最好能够在空气中飘然融化。

于是，我决定停下脚步，把自己的行李统统拿出来，重新检查自己的背包里到底装了什么。需要，还是不需要？一旦遇到好像需要，又好像不太需要的东西，就毫不犹豫地舍弃。

严格挑选，只留下真正重要的东西，好好加以珍惜。极力摒除浪费——结果，我意外发现，有很多是“我已经不再需要”和“即使没有也不影响生活”的东西。于是我知道，只要我下定决心丢弃这些东西，或是送给有缘人，我就可以活得更加轻松自在。

盘点清仓的成果并非如此而已。

我很幸福，经过一次又一次的考验，依然所向无敌地“宛如人生护身符的重要事物”，都完好如初地留在我的背包中。一辈子的稀世宝物、在任何情况下都对自己有所帮助的灵丹妙药，以及虽然占空间，但必须承担的责任，我希望把这些东西装进可以轻松背在肩上的小背包里，迈向未来的人生。

本书有两大功效。书中提示了盘点人生仓库，从此换来一身轻的方法。我在回顾自己的人生过程中进行了“检查背包里装了什么”这项作业，希望读者以此为参考，尝试“盘点”自己的人生。另一大功效，就是书中和读者分享了“只要有了它，人生无难事”的人生智慧。

人生智慧如同芳香精油。芳香精油具有放松心情、转换心情、美容、增强免疫力等各种不同的功效。即使没有芳香精油，或许也可以活下去，但一旦有了它，就可以在各种不同的情况下拯救自己。当你迷茫、痛苦的时候，可以唤醒内心，让心情很快恢复平静。想要轻松生活，就必须具备“有了这个就安心”的灵丹妙药。

本书中所介绍的，都是我在错误中学习、从很多人身上学到的人生智慧，如果对各位读者有所帮助，将是我最大的荣幸。最重要的是，无论你现在几岁，都希望你可以从本书中找到让未来人生变得更轻松的方法。

因为我相信，只要学会“轻松生活”，无论到了几岁，都能够尽情享受人生的旅程。

目录

〇二 找到自己生活节奏的好本事

〇三 无序青年的生活优化术

〇四 再见！我的杂乱人生

everything for the freedom
COW BOOKS

M&CO.
WELCOME

〇一 CHAPTER ONE

可以保护自己的人生护身符

如果在人生路上，

把所有必需品都塞进背包，

就会在不知不觉中，

同时装进很多垃圾。

THE PEOPLE
MOSCOW

SIGNS
MAPS
LETTERS

只要在心中拥有就够了

把物品藏在心里的记忆不占空间，携带也很方便。只要拥有少许真正重要的物品，随时整理心灵的抽屉，把那些真正需要的东西放进心灵抽屉，你也可以轻松生活。

有些“物品”是我眼中的至宝。比方说，距旧金山车程三个小时，专门做世界上穿最好鞋子的“Murray Space Shoe”的法兰克先生用心为我量脚定制的手工鞋。比方说，《高村光太郎诗集》、亨利·米勒的《北回归线》，和杰克·凯鲁亚克的《在路上》。

我最大的理想，就是生活周遭的所有物品和我之间都具有“故事性”，身边只留下相处一辈子，一旦缺少，就会感到难过的物品。即使在别人眼中，只是廉价的破烂，只要和这个物品相遇时，和该物品产生交集的人，以及自己对该物品的感情充满“故事性”，即便是摔破的花瓶，也是我心中的宝贝。人和物品的邂逅，和人与人之间的邂逅很相似。

以读书来比喻，也许更容易理解。去书店找书，会先被第一印象引出兴趣，然后随手拿起来翻几页，只要喜欢，就会掏钱买回家。回家翻阅之后，有些书会让人一口气看完，有些虽然挑战多次，仍然无法看完整本。有些书了解故事概要后，就不想再看了，有些书却会一看再看，把它翻得又破又旧。

我的藏书量很少，很多人都对这件事难以置信。我经常写关于书籍的文章,也经营二手书店,所以经常有人问我:“你是不是有一间漂亮的书房，里面放满了珍贵的书？”其实完全相反，基本上，我认为只要有我前面提到的那三本书就足够了。

这三本书就像是我永远的朋友，从我对人生感到彷徨的十几岁开始，就如影随形地陪伴着我。现在我仍然会不时拿出来翻阅，依然兴奋激动。我为此感到高兴，也很纳闷，为什么每次阅读，都会有不同的收获，都会产生新的感动。心情沮丧时，这三本书如同熟悉的阳光般温暖我的心。在高兴和纳闷的同时，也感觉到了美好。所以，重要的书、物品和人一样，相处越久，彼此的感情就会不断深入。朋友、家人、情人不可能多得从橱柜里溢出来，同样的，不必要的书本和物品也要及时清理。

每个人都有占有欲，如果不随时整理，东西就会越来越多。人会因为娱乐购物，也会基于习惯搜集物品。当我开始有少许可以自由运用的金钱后，每次换季，都习惯为自己添购新衣，并不是大手笔地疯狂购买，只是夏天买 T 恤，冬天想要一件大衣之类的。

有一次，我突然对是否有必要在春夏秋冬每一季都买衣服这件事产生疑问，不禁觉得如果只是基于习惯而购买，或是为买而买，那未免太空虚了。那种只有偶尔联络，即使见了面，也只是聊一阵后就说再见的朋友和情人，不要也罢，家人之间的关系不可能这么淡薄。我想要“知足”，想了解什么是真正的满足，于是决定不再随便乱买东西。

当我了解“只要在心中拥有就够了”，我的占有欲就不再强烈。

二十几岁时，我穷困潦倒，经常在美国和日本之间往返，曾经出售自己的私人物品。这些在旅行时搜集的重要纪念品和别人送我的礼物都很珍贵，我也很珍惜，但当时我饥肠辘辘，不得不在家附近摆一个地摊，把物品放在地上，吆喝路人购买。

那并不是潇洒率性的跳蚤市场，感觉比较像乞丐，但是，当卖完所有物品，手上握着现金时，我发现“原本以为这些东西很重要，但当饥肠辘辘、快要活不下去时，就会觉得其实根本不重要”。同时，我更了解到一件事，“即使很珍贵的物品，也不一定要拥有，只要珍藏在脑海或心里，随时都可以拿出来把玩”。

那一刻，我觉得自己身轻如燕。

把物品藏在心里的记忆不占空间，携带也很方便。只要拥有少许真正重要的物品，随时整理心灵的抽屉，把那些真正需要的东西放进心灵抽屉，你也可以轻松生活。

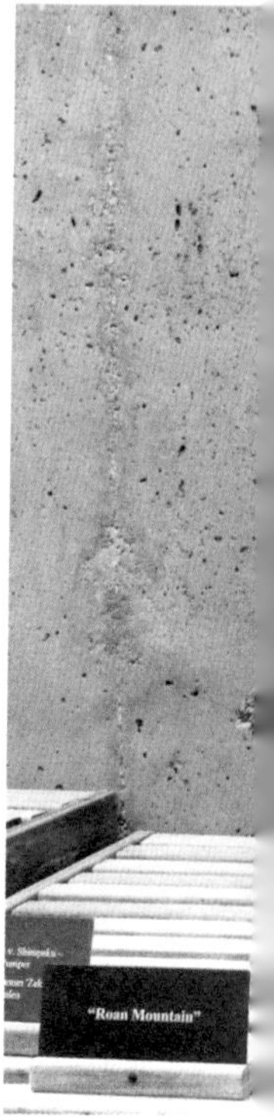

爱，就是让对方活出自我

人际关系中，无论是让对方活出自我，还是对方让你充分活出自我，都不会要求回报。这才是真正的爱。

我这个二手书店的老板的工作，就是捡回别人认为“已经不重要”的旧书，从中挑选，让它们继续发挥“剩余价值”。

虽然这么说有点夸张，但把别人看过之后不再需要的书重新加以利用，就是“再度注入新生命”。即使面对一度完成使命的书，也要在阅读后了解“哇，原来写的是这样的内容”，努力从中发现新的价值。找到新价值之后，就可以开始思考如何才能充分发挥这本书的优点。

如果书的封面有点起皱，也许可以弄得像新书一样平整，但有些书因为被前一个主人多次阅读而变得皱巴巴，或许会发现一种新价值，也可以成为卖点。

总之，绝对不能让一本书“活得不像自己”。如果把一本可以轻松阅读的推理小说当成厚重的哲学书来卖，就无法发挥那本书原本的价值，更不可能为它注入新生命。“发挥原本的专长”这件事，并不局限于书本。做菜时，如何尽可能地让食材发挥特色，是做出好菜的诀窍。比方说，把生吃时堪称绝品的蔬菜长时间炖煮，再加上辛香料调味，会有怎样的结果？没错，会完全毁了食材原本的特色。

人际关系中，最理想的相处方式就是充分尊重对方的优点。比方说，你有一个心爱的女朋友，如果你把自己的想法强加在女朋友身上：“你可以穿这种衣服”，“我觉得你做其他的工作会更好”，凡事都想控制对方，会造成怎样的结果？即使是基于喜欢对方而说的话，如果强迫对方接受自己的想法，不仅无法发挥对方的优点，反而会抹杀对方的生活方式。你可能以为自己深爱对方，但其实你“并不爱她”。

爱，就是让对方活出自我。被爱，就是对方让你活出自我。

人际关系中，无论是让对方活出自我，还是对方让你充分活出自我，都不会要求回报。这才是真正的爱。这种说法听起来很像是“我喜欢你原来的样子”之类悦耳动听的甜言蜜语。但是，真正“让对方活出自我”，需要付出极大的努力。

如果对象是蔬菜，只要对厨艺稍微有一点概念，便可立刻判断该生吃还是煮成熟食。如果对象是二手书时，难度会稍微高一点。原本积满灰尘的书，用抹布轻微擦拭，可能就会发现它是一本设计亮眼的书，有时候，这也会成为那本书的最大特色。而且，书很奇妙，在某人眼中，可能枯燥无味，但到了另一个人手上，或许可以改变他的人生。因此，邂逅也有助于发挥二手书的特色。

想让一个人活出自我，发挥他的专长，是一件相当困难的事。这个世界上，到底多少人活得随心所欲，同时也活出自我？有些人原本以为“找到了可以充分发挥自己的专长和很想做的工作”，但不久之后，就会发现自己完全不适合。也有人在忙碌中迷失自我，在错误的道路上全速奔驰。甚至，我们也会看到有些人互相认定对方就是自己愿意执手共度终身的伴侣，相处之后，发现与对方不合，因而彼此就抹杀对方的优点。

我在这个难题的迷宫中彷徨，终于找到了一种方法。这种方法让我活出自我，同时也尊重别人的自我，发挥对方的专长。那就是寻找自己的专长时，不能只有自己的埋头苦思，也要努力去发现“别人的专长”，让他们充分发挥。不久之前，我是自己世界的中心。任何时候都以自己为主，以自己为中心思考问题，决定自我，决定周围人的“专长”。然而，年过四十之后，我恍然大悟：“至今为止，许多人努力发现了连我自己都不知道的‘专长’，请和我一起思考，如何才能充分发挥这种专长。”也就是说，一路走来，有许多人协助我展现长处。

原本以为自己最了解自己，是靠自己的品位和判断决定了一切，现在才发现那是多么幼稚的天大误会。所以，我现在开始思考如何才能发挥他人的专长。这种态度并非只针对家人或所爱的人。无论是朋友，还是工作上的伙伴，只要和我有交集，我都会努力思考如何发挥对方的特长。我不会强迫对方接受我的要求，而是只要我能力所及，就会努力让对方活出自我。假设我觉得对方走错了路，入错了行，我会绞尽脑汁地思考适合他的路，告诉对方“还有这条路”。我认为这就是让对方活出自我，发挥他的特长，我也可以借此活出自我，发挥所长。

再尴尬，也要坦诚说出口

暂时的尴尬终究可以化解，隐瞒自己的感受，只会让内心的伤痕越来越深，最终形成无可挽回的鸿沟。

和他人交往时，我努力做到一件事。

一旦觉得不太对劲，就明确说出口。有时候会因为说得太直接，被人误解或者显得啰唆。无论是和朋友相处，还是工作往来，一旦发现问题，即使是难以启齿的事情，也会直接说出口，有时候觉得自己简直成了什么都看不顺眼的大叔。这么做也真的很累，但我还是会不厌其烦地讲出来。因为我相信，只有坦诚说出自己的感受，才是真正爱护对方，才能长久相处下去。

前一阵子，我和一位外国摄影师一起工作。那位摄影师的行程安排得很紧凑，如果拍摄完成后，不立刻交给印刷厂，就会延误出版日期。越是出不得差错的时候越是容易发生问题。果然不出所料，当我收到成品后，发现稿子和照片的状况都很不理想。虽然达到了一般水准，但和我委托该摄影师时的构想，以及双方确认的呈现方式大相径庭。但是，时间上已经不允许我要求对方“重新写稿，重新拍照”。

所有的工作都有截止日期，现实生活中，根本不可能让我们“做到好为止”，只能在有限的时间中努力做到最好。

摄影师在截稿日之前按时交稿，最后也刊登了她的作品，我完全可以说声“谢谢”就让这件事落幕。但是，我坦诚地说出了自己的感受。我并不是责怪对方，而是老实告诉她，这次的工作并不是很理想，希望下次不会有同样的情况发生。摄影师很快就回复我，她在电子邮件中提到：“我也觉得拍出来的成果和我们当时讨论的感觉不太一样。”她当然不可能道歉，因为，在专业领域中，做生意的本质就是“别人花钱买你所提供的最佳作品”，一旦道歉，就等于否定了这次工作。她还在电子邮件里说：“松浦先生，谢谢你明确告诉我，这次虽然在时间上不允许重新拍摄，但我会努力在下一次工作中做得更好。”

我并不是魔鬼总编辑，也不是要给摄影师一个下马威。我不是指责她，更不是否定她，而是认真思考如何才能发挥她的专长，如何才能让她在下一次做得更好。正因为我希望和对方做一辈子的朋友，在工作上继续合作，所以，即使双方尴尬，也会坦诚表达自己的意见。

即使是难以启齿的事，即使有异议，还是要“坦诚表达意见”。因为只有诚实说出自己的想法，工作的基准才能维持一贯性，避免出现偏差，这是对彼此的尊重。相对的，我在写稿时，也曾经遇过编辑的指教。听到编辑说“文章的这个部分看不太懂，请你重新修改一下”的当下，的确会火冒三丈，但冷静之后，就会很感激对方。“原来他认真看了我的稿子。”于是，内心的谢意油然而生，觉得以后写稿遇到困难的时候，可以和这位编辑讨论。相反的，遇到了只会千篇一律地称赞“太好了，你的稿子真的是不错，真有意思”等等这类只会说恭维话的编辑，则会觉得只要如期交稿，内容好坏根本不重要。

即使难以启齿，也明确表达自己的真实感受，这是真情相对，需要耗费相当的精力，一定要有爱，才能做到这一点。因为我了解这一点，所以在私生活中，只要觉得有疑惑，就会明确说出口。

比方说，和朋友聊天时，对方的无心之言让自己很受伤。虽然知道对方并无恶意，但若刚好触及自己不想被人触碰的敏感部分，就会对这句话耿耿于怀。遇到这种情况，如果忍气吞声，把想说的话吞下肚，对方永远都不知道你“容易受伤的点”，即使这次不理会，混过去了，下次遇到相同的情况还是会爆发，让多年的友情毁于一旦。如果对方是重要的朋友，你希望继续和对方交往，就要鼓起勇气告诉他：“你刚才那句话让我很受伤。”听到这句话时，他一定会很惊讶，气氛可能会有点尴尬。当你说出口之后，也会觉得自己在指责朋友，有一种罪恶感，为此情绪低落。事实上，我曾经数次遇到过这种情况。

然而，暂时的尴尬终究可以化解，隐瞒自己的感受，只会让内心的伤痕越来越深，最终形成无可挽回的鸿沟。如果因为难以启齿而忍耐，没有及时解决内心的伤痛，最终会影响彼此的感情。

明确说出自己的感受，即使对方一开始很生气，但最后还是会冷静下来。如果对方和你一样重视这份友情，就会了解“原来他会因为这种事受伤”，双方也可以进一步讨论以后相处时，要注意哪些问题。相反的，日后当对方因为你的发言而受到伤害时，也比较容易说出自己的感受。只要双方坦诚相对，便有助于增进彼此的关系。无论对待朋友、爱人还是工作上的合作关系，正因为重视对方，一旦感觉“不对劲”，就要坦诚说出口。

把害羞用力吞下肚

不觉得丢脸——这是不忘初衷，持续追求变化，轻松快乐生活不可或缺的勇气。

不瞒各位，其实我是一个很怕羞的人。也许正因为知道自己怕羞，所以才会要求自己坦诚说出自己内心的想法。我觉得不光是我，大部分人都很怕羞。

采用和平时不同的方式、尝试新的创意，或是在工作上努力——在别人面前表现出卖命的样子，总让人感到很不好意思。“我希望可以保持面不改色的淡然。”内心有这种想法的人，十之八九都是怕羞的人。比方说，走进一家没有去过的咖啡店，往往觉得难掩兴奋地看饮料单很丢脸，能够淡淡地说“请给我一杯咖啡”才帅气。放弃尝试杧果汁或花草茶，每次都喝咖啡的人生或许很酷，却错过了享受乐趣的机会。

在工作上，以得心应手的方式轻松处理往往让人觉得很潇洒，越是资深人士，越觉得采用自己不熟悉的方法很丢脸。“虽然工作内容和昨天完全一样，但我要发挥巧思，设法让它变得不一样！”这种尝试总是和“得心应手的潇洒方法”背道而驰，有时候甚至把自己搞得手忙脚乱，出尽洋相。拼命挑战很丢脸，所以让人想要逃避。

在新手时期，每天都充满各种变化，“昨天之前的工作都好像在正常走路，今天要高甩双手走路”之类的小创意，也会带来变化。但随着经验逐渐累积，所有的巧思和创意也不再那么新鲜。试过高甩双手之后，如果不采取跳跃或是蹦跳的夸张手法，就无法产生新的变化。

即使面对只要正常走路就可以解决的工作，不妨勇于尝试蹦跳的方式。虽然成年人蹦蹦跳跳地走在路上的确很难为情，但正因为是成年人，才更要蹦蹦跳跳。虽然随着年龄的增长，脸皮也会跟着变薄，但是年纪越大，越不能为这种行为感到丢脸。

不觉得丢脸——这是不忘初衷，持续追求变化，轻松快乐生活不可或缺的勇气。

坦诚、毫不掩饰自己的感情也很让人害羞。我不时在《生活手帖》谈及工作的方针和理念，但光是罗列冠冕堂皇的口号毫无意义。

当话题触及想要和大家分享自己的价值观和基本思考方式这个根源时，“希望让别人了解”的心情会像洪水般涌现，有时候还会忍不住流下泪来。在旁人眼中，或许会觉得一个成年人边说边哭很滑稽可笑，也很丢脸。但是，如果为真情流露地面对他人感到丢脸，对方就不可能对你想要表达的想法产生共鸣。任何人在谈及自己真诚的想法时，都不可能压抑内心的感情。

请你回想一下你的初恋对象。努力想要传达心意的身影，看在旁人眼中或许很不体面，可能还会有些害羞，甚至丢脸，但是，如果只是用电子邮件写一段冷酷的表白内容，对方恐怕无法感受到你的真情。不要对自己的认真感到丢脸，不要对爱退缩，只有克服害羞，才能将真情传达给对方。真正爱过的人，不会觉得这样的做法滑稽，也不会嘲笑别人准备表白时手足无措的样子很幼稚。

不光是初恋，如果可以克服害羞，对所有人表达内心的爱，这个世界就会更快乐。所以，我决定把害羞用力吞下肚，今天也继续做“丢人现眼的事”。工作就要一路蹦蹦跳跳下去。鼓起勇气，做那些觉得“丢脸”的事吧。把害羞藏在心里的糗样似乎也不坏。

大爆料自己的糗事

虽然异常、弱点和糗样让人无地自容，独自为此烦恼时，很可能会想不开，但其实大家身上都有这些部分，我认为，这也是每个人“可爱的地方”。 ●●●

我随时勇于表现出自己的弱点和糗样，即使在公司，我也会大爆料自己的糗事。回想起来，我从小就决定，长大之后，绝对不要当一个“自命不凡”的大人。

我从十几岁到二十多岁时，整天都和比我年长的人打交道，其中让我欣赏的人，没有一个人自命不凡。“优秀的大人不会自命不凡。”这些在我生命中，扮演过重要角色的人，让我体会到这一点。所以，我觉得一旦开始自以为是，这个人就完蛋了。

说到自己的糗事，有些人会提及年少岁月的轻狂行径，但我的糗事永远都是现场直播。我只要有空，就会和编辑部的其他同事一起在休息室里吃午餐，这种时候，我会和大家聊自己的私事。比方说，我会主动告诉同事，最近女儿对我爱理不理；太太和我吵架时，随便用东西丢我，无奈之余，我只能下跪求饶之类的糗事情。

“我昨天和一个感觉很不错的女孩子约会，但我传了短信，她完全对我不理会。”

“松浦先生，您又被甩了？”

即使是这种会被人嘲笑的事，我也会主动和大家分享。在公司这个组织中，有上司和下属的关系，有时候，只要分别扮演好自己的角色，就可以共事，这并不是人与人之间真性情的交往。虽然我在工作上会严厉批评下属，或是一再叮咛，非要达到某种要求，但一旦抛开工作，也会出现没出息的糗样，我就是这样一个人。对方或许在工作上很认真严肃，但在私生活中，或许有像女王性格的一面也说不定。

如果只是带着工作的态度和同事交往，就无法放松心情，永远都无法摆脱好像隔了一层玻璃在说话的焦躁，最重要的是，无法发自内心地了解彼此。虽然有人公私分明，可以清楚划分工作和私生活，但身为普通人，很难彻底切割。

在关键时刻，要不要和这个人站在一起？要不要毫无保留地听这个人的意见？这些问题的答案并非取决于工作能力，或对方是不是优秀的上司，而是在于能否相信他这个人。

在紧要的关头，可以把一切放心交给这个人，他一定会助我一臂之力——能否让人产生这种信心，不光要看对方是不是能干的优秀人才，更取决于是否可相信这个人。如果交往时无法充分了解彼此的全貌，就无法建立真正的信赖关系。我毫不掩饰自己在工作以外，也是一个很没出息、常常出糗的人，也勇于表现异常的自己。人往往同时具备了“正常”和“异常”这两个部分，两者同存，才有人的味道。按照我个人的理解，有时异常就等于幽默。

常有人对我产生好感，我会最先表现出平时隐藏的异常部分。倘若双方交往时，先展现出百分之八十的正常部分，之后就会“黔驴技穷”。当最后剩下的百分之二十都是异常，相处过程中难免心生不安，就会有“一旦对方知道我的全部，可能会讨厌我”的心态。

所以，我和人交往时，会鼓起勇气先让对方了解我异常的部分，如果对方因此退缩，从此没有交集也无所谓，只能说彼此的缘分不够。

虽然异常、弱点和糗样让人无地自容，独自为此烦恼时，很可能会想不开，但其实大家身上都有这些部分，我认为，这也是每个人“可爱的地方”。

如果想在工作上、人生中和别人深入交往，不妨主动表现出自己的弱点，让对方看到自己异常的部分和出糗的一面，让他了解百分百的自己。这样才能真正做到公私分明，才能在工作上遵守规范，尊重对方。

打招呼的力量

一句招呼，可以让你成为陌生人眼中的好人。能够面带笑容打招呼的人在人际关系中“所向无敌”，任何困难都可以克服。

越是理所当然的事，越要彻底贯彻。打招呼就是其中之一。

虽然这件事看似平凡无奇、不足挂齿，但我认为没有比它更重要的事。打招呼可以创造心情。早晨的心情、工作的心情、愉快的心情、温柔的心情，每个人面对别人的招呼时，可能会有不同的感觉，但无论如何，都不可能造成恶劣的心情。

我认识一位超一流的打招呼高手，就是已故的百濑博教先生。他在《不良日记》中介绍了与名人的交往、狱中岁月，以及之后更令人大跌眼镜的生活，因而名声大噪，他也创作了很多关于旅行和交友的著作。

百濑先生比我年长许多，也是一位名人，但遇到当时还很青涩无知的我，都会主动向我打招呼。即使在斑马线对面，即使我还走在远处，只要一看到我，他都会大声地呼唤我。

“喂！松浦，你好！”

我急忙跑到他面前说：“百濑先生，对不起，我今天明明还在想，一定要比你先打招呼。”他发出爽朗的笑声，然后告诉我说：“我喜欢和别人打招呼，打招呼很重要。”

回想起来，我十几岁第一次去美国时，最让我惊讶的，莫过于打招呼这件事。在电梯里偶遇的陌生人，会露齿一笑向我打招呼；在店里买东西，店员会在找零钱时对我说：“Thank you. Have a nice day!”（谢谢，希望你能有美好的一天。）这句话瞬间温暖了我那颗徘徊在异国他乡街头的孤独的心。

正因为我知道打招呼的力量，所以非常重视打招呼这件事。我去便利店买东西时，最后一定会大声对店员说：“非常感谢您！”在高速公路收费站缴过路费时，也会向收费员打个招呼。轮到我缴费时，我会把车子开到收费亭旁，打开车窗，先说一声：“您好。”此时，收费员通常会露出友好的表情对我说出“请交费七百元”之类的话，我缴完费，再说上一句“谢谢你，辛苦了”后，我才驱车离开。

“你每次经过高速公路收费站，都会向收费员打招呼吗？”有一次，坐在我副驾驶座上的朋友突然惊讶地问我。

现在已经进入 ETC 自动缴费时代，所以，即使人工收费，大部分人都只是默默把过路费交给收费员，但我觉得这样未免太悲哀了。我无意说什么“我希望这个世界更开朗、更快乐，所以大家都要积极向别人打招呼”之类冠冕堂皇的话，但我认为打招呼的确可以发挥这样的效果，也是可以保护自己的“人生护身符”。

因为基本上，人在打招呼时都精神饱满、态度积极。如果身体不舒服，心情也很恶劣，就不可能向陌生人打招呼，即使遇到熟人，也只会口齿不清地嘀咕一句：“早安……”

只有身心健康的人，才能愉快地向别人打招呼。健康是认真生活不可或缺的要素，打招呼可以成为测量自己身心状态的晴雨表。打招呼也可以成为人际关系中的有力武器。一句招呼，可以让你成为陌生人眼中的好人。能够面带笑容打招呼的人在人际关系中“所向无敌”，任何困难都可以克服。

无论遇到工作上有交集的人，还是朋友或熟人时，只要能够面带笑容地向对方打招呼，仅仅一句“您好”，就可以建立友善的关系。即使是整天板着脸的严肃上司，遇到有人笑着跟他打招呼，也会很自然地觉得开心。只要随时带着笑容打招呼，日后很可能对你的工作和人际关系带来正面帮助。

在营造好心情的同时，打招呼也可以成为人际关系的起点。希望大家相信面带笑容打招呼的力量，亲身实践。

称赞别人时不要说谎

称赞别人时不能说谎，笑容可以说明你所言不假。

美国人打招呼的方式很夸张。他们会相互说着：“真高兴见到你！”临别时相互拥抱，如果是很熟的朋友，还会亲吻道别。

我刚到美国时，除了对这件事感到惊讶，也不由得感慨，“原来不用这种方式与他人接触，很容易被人遗忘”。虽然现在对美国人这种打招呼的方式早已司空见惯，但听到时仍然会心跳加速，忍不住要想：“如果不用这种方式和他人接触，对方就无法感受到自己的心意。”

美国人并非只有打招呼夸张而已。“你的鞋子真漂亮！”“很少见到像你说话这么有魅力的人！”他们从不吝于表达对他人的好感，总是随时称赞别人。不，我甚至觉得他们已经养成了和他人见面时，就努力在对方身上寻找“有没有什么值得称赞之处”的习惯，然后当面说出。

前面提到的打招呼名人百濑先生还教会我另一件事，那就是必须亲身实践在美国体会到的事。百濑先生并非只是建议我“要多称赞他人”，而是用实际行动进行身教。“松浦，你的眼睛真的很漂亮。”每次见到我，他都会由衷称赞我。

不光是我，百濑先生见到每个人，都会找出对方身上的优点，真心诚意地称赞对方。“你很独特，我没见过像你一样的人。”

听到百濑先生这么说时，我陶醉了。百濑先生是让人陶醉的天才，他可以让人无比喜悦，整颗心都融化了。我从百濑先生身上学到“抛弃不必要的意义，称赞他人”的重要性。

如果你是男人，或许会担心对女生说“你很漂亮”，容易让人误以为居心不良，有非分之想，但是，希望你抛开这些顾虑，大胆把称赞说出口，遇到女同事也不吝称赞。并不是要借此追求对方，而是借此建立人际关系。因此，对同性也要一视同仁。

无论对方是男是女，当你直截了当地称赞对方：“我之前从来没有见过像你这么优秀的人。”对方可能会回道：“嗯？是吗？”这时候，千万不能退缩，要理直气壮地说：“对，没错，很少有像你这样的人。”称赞别人时不能说谎，笑容可以说明你所言不假。

百濑先生说的话让人陶醉，他的笑容具有让人沉醉的力量。只要展露迷人的笑容，就可以和工作伙伴，以及每天去买报纸的车站便利店小贩建立人际关系。一旦具备可以融化人心、让人沉醉的笑容，人生旅途将无往不利。

努力创造独处的机会

即使只有短短三十分钟，散步结束时，想象力就会得到“思考”这种水分的充足滋润，渐渐恢复活力。独自思考的时间，或说天马行空乱想的时间，有助于身心健康。

•••

身心健康是每天心情愉快、轻松生活的必要条件。身为社会的一分子，健康管理是最基本的。想要身体健康，生活就不能有太多压力。为此，我们必须过着“规律的生活”。而要做到的第一件事，就是良好的睡眠。

我每天早上六点起床，晚上通常十点就上床睡觉。入夜之后，让身体好好休息。虽然我曾经有段时间经常熬夜工作，但后来发现，如果没有充足的睡眠，反而会影响工作效率。

其次，避免暴饮暴食。要多走路，偶尔出游旅行。我很勤于走路，经常独自默默步行。走路时，我不拘泥场所，不一定要去大自然，也不必非去美丽的河畔不可。有时搭车回家时，会提早一站下车走回家，偶尔也会走路前往和朋友相约见面的餐厅。

在日常生活中经常散步不但对身体好，也有助于心灵健康。走路，另一种说法就是“独处的时间”。既不是遛狗，也不是和别人一起散步。既没有听音乐，也没有认真欣赏周围的风景。我走路时总是在想事情，总是在思考，或是天马行空地乱想。思考可以避免想象力枯竭，就像每天给树浇水。

一旦想象力枯竭，自己这棵树就会倒下。

当时，在忙得不可开交，或是屋漏偏逢连夜雨，遇到很多心烦意乱的事，心灵就会感到疲惫，想象力也会枯竭。这种时候，我就会独自去散步。右脚和左脚轮流迈开步伐，比平时走路时更用力甩动双手。散步之后心情就会慢慢恢复平静，逐渐找回自我。此时，心情也会豁然开朗，得以思考问题。接下来，可以天马行空地想自己喜欢的事，或是思考问题。

即使只有短短三十分钟，散步结束时，想象力就会得到“思考”这种水分的充足滋润，渐渐恢复活力。独自思考的时间，或说天马行空乱想的时间，有助于身心健康。照镜子是我找回漫无边际胡思乱想能力的另一种方法。并不是因为化妆、刮胡子等目的才照镜子，而是把自己当成一种陌生的动物，仔细“观察”镜子中的自己。

原来刘海在额头上形成这样的曲线，眼睛长这样，嘴巴是这种形状，不是观察美丑，或是检查脸上的黑斑，而是用客观的眼光看自己。大家都以为对自己的脸蛋了如指掌，事实上往往不像自己想象的那么清楚。每个人的脸每天都会发生变化，女人在每次观察时，应该都会有新发现。

“今天看起来好疲惫。”

“怎么感觉很讨人厌的样子。”

“喔，我长得还是很漂亮嘛。”

也许自己脑海中的自我印象还停留在中学时代。虽然需要一点勇气，但一丝不挂地站在镜子前，就可以看到身体的整体线条有点走样，右侧肩膀有点下垂，会比观察脸部有更多新发现。

我并不是自恋狂，也不热衷练肌肉，但经常会站在镜子前观察全身。有时候觉得很有意思，有时候会发现自己不愿正视的衰老现象，为此心情沮丧。总之，客观地观察自己，就可以了解和接受真正的现实，于是，能够从新的角度重新认识自己，成为天马行空胡思乱想的契机。只要独自天马行空地乱想一阵子，就会产生一种全新的心情，这将成为一切的起点。认清自己，遵循大自然的规律。这或许就是永葆健康的秘诀。

找到你的心灵避风港

“避风港”并不是真的需要周围空无一人，而是在精神上可以让自己独处的地方。

只要去那里，就可以不受任何人打扰。

只要去那里，就可以尽情思考。

只要去那里，即使再沮丧，即使受了伤，即使觉得自己即将在茫茫人海中迷失，仍然可以找回自我。

拥有这样的“避风港”是一件很重要的事。这是人生的必需品，也可以成为上班族生涯的救生衣。“避风港”可以是某个旅游景点，也可以是旅行这件事本身。可能是公园，也可能是海边。不必是什么特别的地方，咖啡店或是公交车上也可以成为避风港，家中的某个房间或是住家附近的散步街道也都没有问题。

每个人都可以决定自己的避风港。

有些人觉得安静很重要，他的避风港必须如同图书馆般安静，甚至不能有翻书的声音；也有人觉得安静的地方反而容易产生很多杂念而无法静下心来，所以宁愿身处都市的喧闹中。“避风港”并不是真的需要周围空无一人，而是在精神上可以让自己独处的地方。

“只要去那里，就可以活出自我”的地方，就可以成为心灵的护身符。我也有好几个避风港，根据不同的状况，去不同的地方，在那里好好地和内心对话，深入思考。这种感觉有点像电脑的重新开机，抛开一些不必要的念头、纠结的人际关系，以及莫名其妙增加的工作，恢复赤裸裸的自己。

和他人相处时，难免会互相影响，影响有正面的，当然也有负面的。所以，有时候必须独处，隔绝所有来自外界的影响。即使有家人、有工作，有很多重要的人围绕身旁，我这个人的“单位”是一人，周围的人也是以“一人”为单位。为了避免一对一和他人产生交集，我外出散步、旅行，确保自己的“避风港”。

我的“避风港”之一，是旧金山柏克莱一家我很中意的旅馆。“如果松浦太郎失踪了，一定就在那里。”我曾经这么告诉我的好朋友。既然透露了行踪，就不算是失踪，但是，当我对一切感到心灰意冷时，我一定会逃去那里。当然，在现实生活中，很难在三更半夜，突然飞去旧金山，但是，有一个“只要去那里，就可以找回自我的地方”，即使没有真的成行，心情也可以放轻松。

那么，你的“心灵避风港”在哪里？

LISA SEE
ANNE RICE

〇二

CHAPTER TWO

找到自己
生活节奏的好本事

遵守自己的秩序，

充分做好自我管理，

这是成年人在社会上的生存之道，

被人管理是全天下最不幸的事。

COW BOOKS

懂得善待自己的三颗营养补充剂

第一颗，多观察。

第二颗，具有推测能力。

第三颗，具备沟通能力。

人生旅途充满无数的选择。选择向左走，还是向右走；选择搭地铁，还是坐公交车；选择吃三明治，还是点蛋包饭；选择和这个人牵手一辈子，还是跟那个人走完人生路。我们往往容易忽略一件事，那就是“选择权并非永远都掌握在自己手上”。

这个世界并不是以自己为中心，所以，经常会遇到被动的情况，自己也成为被选择的一方。当别人选择了你，代表对方对你有爱，认同你的价值，想要发挥你的专长。因此，有人选择你的人生，当然比没有人选择的好。

我们很希望被需要，希望有人对我们说“没有你，我就活不下去”，虽然男女私情和考试之类的活动也有选择和被选择的问题，但用工作的例子来解释最简单明了，比方说，在几个同事中，当上司最后决定由自己负责这个方案时，任何人都会沾沾自喜，如果是梦寐以求的方案，当然更加乐不可支。

“虽然有点难度，但你挑战看看”这句话可以充分激励努力工作的人。如果总是无法中选，心里当然会很痛苦。任何工作都分成“改革创新”和“维持现状”两大类，无法中选的人往往会被安排去做后者的工作。如果无法加入 A 案，也无法参加 B 计划，整天做些不管谁都可以做的鸡肋般工作，心情就会越来越沮丧。

这种工作简直就像每天为花草浇水。当然，这个世界上需要“维持现状”的工作，在“维持现状”中，也可以“改革创新”。我想说的是，一旦失去了“改革创新”的意愿，整天做一些不被期待的工作，人可能会比花草更快枯萎。“想要中选，想要发挥专长。”如果你和我一样有这样的愿望，有三颗非常有效的营养补充剂可以帮助你。

第一颗，多观察。

对周围的每一个人产生兴趣，对身边发生的事产生全新的好奇心，仔细观察一切，了解“这个人的兴趣是什么？”或是“他好像和平时感觉不太一样”。这么一来，就可以每天在熟悉的职场风景中有新发现，搜集到对工作和人际关系都有帮助的资讯，也更容易得到机会。

第二颗，具有推测能力。

有一个小孩子，穿着尺寸不合脚的鞋子走在崎岖不平的路上——光是观察到这件事并没有意义。能否想象“啊，如果不制止小孩子继续走下去，他会跌倒”，结果将会不大相同。也就是说，能够根据所搜集到的资讯，配合眼前的状况进行模拟想象的人，才会中选。

我认为，观察力和推测能力是每一项工作都不可或缺的能力。“这么告诉他，他就会成长，下一个企划也会成功。”“以目前的条件，如果硬要按这个方法进行，恐怕会在这个阶段出现问题。”如果无法用这种方式思考，早晚会出现纰漏。

第三颗，具备沟通能力。

具有搜集资讯和推测能力后，就要实际和对方产生交集。看到小孩子快跌倒了，就立刻对其伸出援手。除了打招呼，有时候更要真情流露，做出真实的反映。只要持续这么做，双方就会深入讨论问题，自己也会渐渐成为所有人愿意合作的对象。

我将这三个条件视为“营养补充剂”，其实事出有因。因为我希望大家了解，能否中选，并非取决于与生俱来的能力或特殊才华，每天持续服用这三颗营养补充剂，努力学习这三种能力，每个人都可以得到机会。

以前在我的工作伙伴中，曾经有一名同事完全没有推测能力。我用“曾经”这两个字，代表现在已经改善了。老实说，一开始我很惊讶“居然有人没有推测能力”。但是，他有很多优点，我很愿意和他共事，于是，我决定选择他，发挥他的专长。

在我作为他上司的五年期间，我一直对他说：“你发挥一下想象力，思考结果会怎么样。”因为他需要这种提示。我和他好像在比耐心，对我来说，无疑是一段痛苦的经历；对他而言，也一定被我挑剔得很不耐烦。尽管他很有可能一气之下辞职，但我没有放弃，他也继续留下来工作。然后，他渐渐改变，现在已经能够充分发挥想象力和推测能力，无论在实务工作还是接待客人方面，都有出色的表现。

持之以恒，就可以改变。但这并不是一件容易的事。

这三颗营养补充剂看似简单，但要持续、深入服用，并没有那么轻松。即使再不容易，如果你想成为“中选的人”，请务必持续服用，我可以拍着胸脯向你保证——效果绝佳。

坐而思不如起而行

可以立刻执行的小事通常很快就会出现结果，让人获得“我在努力工作！”的充实感，那些需要等个一年半载的大案子往往容易半途而废。 •••

有人说，“只要看地图，就知天下事”。也有人说，只要看旅游指南书，再配合网络，不用出门旅行，在家也可以欣赏到世界各地的美景。这种意见，我无法苟同。空气的流动、风和光的交错、路边摊难喝到让人想吐的咖啡、街道的气味，每个地方都有身临其境才能目睹的景象，只有置身其中，才能体会到某些经验，所以，我爱上了旅行。

构想和不起眼的想法也一样。我绝对不会不假思索地接受别人的建议，不会在尝试之前就做决定。“关于你提出的计划，曾经有不少人做过类似的事，但都失败了。”即使有多位好心的人向我提出忠告，我也不会听从。“成功的概率很低，根本是浪费时间。”即使很多聪明人出示数据资料说服，我也会充耳不闻。纵然是八成会失败的构想，坐而思不如起而行。一旦想到了，就要亲身尝试，充分体会这种失败。我希望体会“啊，失败了，真是白忙了一场”这种感觉，栽一下跟头，想要亲身经历这一切。

即使只是灵光乍现的一个念头，也要发挥这种“对构想有爱”的态度。只要维持这种姿态，亲身尝试灵光乍现的每一个念头，就可能对工作产生直接的帮助——我对此深信不疑。

在日常生活中，每个人都会有一些灵感，令人联想到生活和工作中的小事。和朋友闲聊时，也可能萌生一些想法。通常都是一些微小的构想或灵感，有时候那些点子的格局太大，一旦和别人提起，别人可能会说“这种事根本不可能的嘛”。如果别人泼冷水就立刻放弃这些构想，未免太可惜了。如果轻视日常生活中的构想和灵感，无法从中发现价值，就会变成一个缺乏行动力的人。

这种时候，不妨立刻啪嗒一声打开思考的开关，决定“想到就要做”。即使再微不足道的构想，即使遭人嘲笑，即使有资料显示绝对不会成功，不妨在自己内心定下“任何构想都要百分之百执行！”的游戏规则。

以我个人的经验，这个游戏规则很值得一试。因为一旦尝试了自己的构想，无论结果如何，都可以向前迈进。假设有一百个构想，当然不可能一次全部尝试，这时我会很自然地排出先后顺序，决定“先尝试最简单，现在马上可以做到的事”。如果是关于生意方面的构想，或是需要资金和人手的计划，可能无法立刻执行，但一定有自己一个人也能执行的小事，不妨从这件小事开始着手。

可以立刻执行的小事通常很快就会出现结果，让人获得“我在努力工作！”的充实感，那些需要等个一年半载的大案子往往容易半途而废。这种充实感将会成为挑战下一个构想的动力，于是，又向前迈进了一小步——不断重复这样的过程，日后就可以萌生更大的构想。

话说回来，简单而又微不足道的构想，也可能造成很大的失败。因为积累了几次小成功后遂想进行大挑战，最后，可能因为难度太高而一败涂地。即使这样，仍然是前进了一步。因为失败代表“此路不通”，然后就可以从失败中找到新的路。

如果只在内心模拟而没有付诸行动，就像在原地踏步。事后才来后悔“早知道应该鼓起勇气试一下”，等于是倒退了一步。既然两者都称不上是幸福的结果，不妨带着爱，保护、尝试所有的灵感和构想。即使效率不高，即使耗费很多时间和功夫，都要尝试自己所有的构想，这就是轻松进步的秘诀。虽然不容易，但绝对值得一试。

让对方喜欢自己的第一步

我通过“聊天”让对方喜欢我，为对方带了“艺术课和美国流浪记”的伴手礼，对方也欣然接受，双方就因此建立了深入的交情。

坐而思不如起而行——我在二十岁左右开始实践这一点，回到日本后，出售从美国带回来的视觉书。

我只身去了举目无亲的美国，整天无所事事，只是一味地逛书店打发时间。这时，我猛然发现某家二手书店卖五十美元的书，在另一家二手书店竟然卖三百美元。这就是二手书世界的奇妙现象。

有些视觉书我因为喜欢就买了下来，但看腻之后，就在路边摆摊出售。回到日本后，拿给朋友看，有好几个朋友惊讶地说："我想统统买下来。"当年还没有网络，我想开一家"没有店面的书店"。我打算凭着自己的嗅觉和四处观察的经验，走访纽约和旧金山的二手书店，大量搜集珍贵书籍，交到需要的人手上。这就是我当时的基本构想。但是，当时的我高中辍学，才二十岁，没有任何特殊的人脉。于是，我去书店买了一本刊登了设计师和摄影师联络方式的书《媒体电话簿》，写信给他们。

为了避免交到当事人手中之前，就被秘书拆开、丢弃，我用毛笔写信封，然后推算信件送达的时间，打电话给对方。然而，打一百通电话，最多只有一个人愿意和我见面。而且，即使见了面，也不见得会马上向我买书。于是，我放弃向他们推销。因为我认为只要对方喜欢我，一定会找到方法。

我穿上西装以示尊重对方，带着对方应该会感兴趣的书出门。我在美国看了不少设计和艺术方面的书，具备了相关知识，但回国之后，仍然进一步学习。见面之后，我都会很热情地向对方打招呼，开心地和他们分享自己学到的知识。大家都觉得我分享的知识很有趣，相谈甚欢之后，也对我这个人产生了兴趣。于是，就会越来越投机。

我曾经和几个人就这样聊了三十分钟甚至一个小时。因为我最初的目的就是“让对方喜欢我”，所以，只要避免造成他的困扰，我通常会抓好时间，说声“谢谢”就准备告辞。结果，对方主动问我：“怎么？你带了书，不向我推销吗？”也有人直接向我买了书。有人得知我光靠卖书的工作无法养活自己，必须出卖劳力打零工时，觉得“你真辛苦啊”，还把我介绍给他的朋友。“有一个小鬼叫松浦，很有意思，很精通视觉书，刚从美国回来，目前日子不好过。”久而久之，有人主动为我“推销”，我的构想也渐渐成真，开始做起二手书店的生意。之后，又因为二手书店的关系，开始写文章、做编辑工作。“让别人喜欢我”成为我工作的起点，之后开始不断拓展。

如果我开始只想卖书，四处散发“请买我的书”的广告单，那些广告单注定被丢进垃圾桶里。如果我一开始决定“要推销自己”，当对方以“我现在很忙”来拒绝时，我可能就放弃了。但是，我通过“聊天”让对方喜欢我，为对方带了“艺术课和美国流浪记”的伴手礼，对方也欣然接受，双方就因此建立了深入的交情。

这种方法并非只适用于年轻人，事实上，我现在想要见谁时，都会用相同的方法主动求见，差不多十个人中，有一个人愿意见我。用认真却开朗的方式“赢得别人好感”，最适合作为人际交往的第一步。

当对方说「NO」时机会就来了

我很乐意听到别人说“NO”。当对方严词拒绝时，我会觉得“现在、这里才是真正的起点”。 •••

站在对方的立场想象，往往可以了解如何解决问题。

当我因为工作忙得分身乏术时，通常都会拒绝新客户。因为我真的没有时间，我相信不光是我，很多忙碌的人几乎都一样。这种时候，大部分的委托者都会说："太遗憾了，希望下次有机会合作。"双方的交谈便画下了句点。但每当我看到一度遭到拒绝就放弃的人，都会感到不解，纳闷他们"为什么这样就放弃了？"

我自己拒绝别人，却有这样的想法，似乎有点矛盾，可能有人觉得我很矫情。但遇到这种情况时，我往往会很沮丧，觉得"原来对方并不是那种想和我合作的人"。因为，如果我拜托别人，即使被拒绝一两次，也不会认为自己"被拒绝了"。无论是以前还是现在，我都认为"拒绝才是一切的开始"。

我很乐意听到别人说"NO"。当对方严词拒绝时，我会觉得"现在、这里才是真正的起点"。真正的沟通最好从"NO"开始。假设一分钟前我对认识的女生说："我喜欢你，请你和我交往。"当她皱起眉头，用不悦的声音说："NO"，我就有机会说接下来的这句话。“请你先了解我，再决定要不要和我交往。我们来聊一聊吧。”这才是我真正想要说的话。因为我觉得对方了解我之后，再和我交往比较理想。

如果有奇迹发生，那个女孩子一口答应：“好啊，我也想和你交往。”双方之后的交往很可能变得表面而肤浅。我只是内心被她的想象所吸引，她也只是内心被我产生的幻想所吸引，这种关系固然浪漫，但就像细腻的甜点般容易变质。男女关系往往有例外，但如果是工作的场合，我可以断言，“‘NO’是一切沟通的起点”。

我相信你工作的职场，蔓延着没有“NO”的顺畅沟通。假设主管和上司建议了一个和之前不同的方法，“希望这次按这种方式执行”，不喜欢变化是人之常情，遇到这种情况时，通常会觉得“真麻烦”。但是，大部分人都在自己的皮包里藏着顺畅沟通的“成年人工具”，所以十之八九都会回答“YES”。即使不太理解也会回答“YES”；即使意兴阑珊也会回答“YES”；即使内心觉得上司的建议简直莫名其妙，也会回答“YES”；如果对方是上司或前辈，更会毫不犹豫地说“YES”。

但是，这种表面肤浅的沟通能够让双方成长吗？真的能够一起攻克难关吗？如果立刻说“YES”，等于剥夺了不同意见者说明、表达自己心意的机会，很可能在一知半解的状况下执行企划，最后很容易搞砸。这种结局未免太悲哀，太令人难过了。既然这样，干脆抛开所谓的“成年人的工具”。

向对方提出建议时，如果对方说“NO”，不妨认为是机会，彻底说明白自己的心意。和对方深入交谈，直到对方认同你的意见。遭到拒绝时，不要轻言放弃，只要在提案前做好“‘NO’才是起点”的心理准备，内心就会涌现勇气。相反的，如果对方提出不符合你期待的提议，或是莫名其妙的指示时，千万不要表面上很干脆地回答“YES”却在背地里抱怨，必须改正这种坏习惯。当然，也不能像小孩子一样一个劲儿地说“NO”，必须同时具备倾听的雅量，“NO”才能打开深入沟通的大门。

坦诚相见，建立无可取代的关系

没有任何理由或根源，只是凭着自己的直觉，把一切交给对方。这就是“坦诚相见，跨越那条线的经验”。

•••

随时把自己所有的一切都摊开似乎是不可能的事。现代人即使不坦诚，也可以建立人际关系，无论在工作上还是私生活中，即使隐藏了某些部分，日子也照样过得好好的。企划照常推动，双方继续交往相处，一切云淡风轻，表面上没有任何问题，甚至有人断言，“长大成人后，在社会上很难保持真性情”。但是，奇妙的是，在人生路上，一定会发生如果没有坦诚相见，就无法解决的事情。我认为这一点千真万确。

只有坦诚相见，跨越了那一条线，才有心灵和心灵相互感应的机会。以上描述，听起来有点像老套的表现手法，但在工作场合，坦诚相见也是机会，我甚至认为，工作上比私人关系中更有必要坦诚相见。

比方说，遇到走投无路的情况时，不顾一切地哭着哀求对方；比方说，没有任何理由或根源，只是凭着自己的直觉，把一切告诉对方。这就是“坦诚相见，跨越那条线”的经验。一旦进入这种状态，人际关系可能会立刻深入发展，工作品质也可能会马上改变。“在他面前，真实表现自己的优点和缺点都没有问题”。一旦建立这样的关系，双方就可以产生无条件的信赖，工作上也会有很大的突破。

我曾经多次和别人坦诚相见，跨越了那一条线。我甚至觉得和他人多次坦诚相见的经验，才形成了我这个人。而且，我本来就是那种极端的人，做好了“没问题，我随时可以拼！”的心理准备。所以，也有人主动对我坦诚相见，跨越了那一条线。她就是《生活手帖》的发行人横山泰子女士。

“松浦先生，我希望你来当总编辑。”当横山女士热心地说服我时，我内心的疑问甚于喜悦。《生活手帖》是一本经营多年的老牌杂志，它并不是大出版社旗下的玩票性质刊物，而是一家有进公司三四十年的编辑和员工默默努力、用心经营的媒体。而且，横山女士来找我时，正是发行量急速下滑的时候。对任何一本杂志来说，新任总编辑的课题都是增加发行量，但是，目前的出版环境很严峻，即使是有成功经验的铁腕总编辑，要把一辆放置在平地上的手推车推上坡道，也不是一件容易的事。更何况我面临的情况是要把不断下滑的手推车推上坡道，那真的不是普通的力气能够完成的任务。再说，我并不是有成功经验的铁腕总编辑。

虽然我在拍照、写文章之余，也曾做过编辑的工作，但对编辑杂志毫无经验。而且，杂志需要团队合作，我踏入社会后，一直单打独斗，从来没有进过任何一家公司。我实在无法想象自己空降到别人合作多年的团队中，对大家说“我是总编辑”，然后一切就否极泰来，杂志的营运步上轨道。而且，横山女士认识我不久，几乎对我一无所知。“她为什么会找我来当总编辑？她为什么这么热心说服我？”我不禁思考这些问题，但即使绞尽脑汁，仍然理不出头绪。当我继续思考时，突然灵机一动。

横山女士该不会凭“直觉”采取了行动吧？假设横山女士事先周详地调查我的情况，就会得知很多令她不安的因素，放弃找我当总编辑的计划。一旦她穿上着手调查或听取周围人意见这件“衣服”，就不可能跨越那一条线。然而，横山女士“赤身裸体”地大步向我走来。

她不顾一切，只凭着“自己的直觉”跨越了那一条线，完全抛开了“他是不是绝对没有问题”的确认作业，完全靠直觉决定“就是他了”。她的果断令我深受感动，甚至想为她鼓掌。如果我处于她的立场，应该没胆量做这个决定。除了不安因素和风险，横山女士还要突破说服股东和员工的难关。身为董事长，她的责任重大，也不能辜负读者的期待。她需要多大的勇气，才能在这么大的压力下和我坦诚相见？在感受到她的斗志的那一刹那，我也决定坦诚相见，跨越那一条线。于是，我当上了《生活手帖》的总编辑。

我至今仍然没有问过横山女士当时的真实想法，也从来没有想过要问。我们早就跨越了那一条线，“赤身裸体”地拥抱在一起。在这种情况下，言语就变成了累赘。既然横山女士不是因为我之前的工作和人脉这件“衣服”，而是因为松浦弥太郎这个“赤裸裸的人”，决定把《生活手帖》这本杂志交给我，那我完全可以全力以赴投入这份工作之中。

“脱衣服”是一件可怕的事。跨越那一条线，需要极大的勇气。然而，我再度体会到，可以因此得到极大的喜悦，建立无可取代的关系。

『一对一携手』的信赖关系

公司就像一艘船，能够在众人面前落落大方地呈现出一对一谈话的轻松态度，可以培养良好的沟通模式。

我认为这个世界上没有"一对一"以外的沟通。如果不是一对一,根本不可能分享彼此的价值观和内心深处的想法。所以,我几乎不开会。我认为,有些时候"全员集合讨论问题,凝聚共识"之类的意见是一种怠慢,听到别人经常开例行会议,很纳闷他们每次开会时都做些什么,也感到不解。

即使找了十个人开会讨论,讨论的中心永远都是一对一,其他几个人都在默默等待轮到自己,或是忍着"和我无关"的不满,陪着一起开会。想要同时传达联络事项时,找所有人来一起开会当然可以马上解决问题,但很多时候,只要用电子邮件就可以解决。即使我找大家一起开会,也只要十分钟就可以搞定。无论讨论企划还是公司的问题,想要谈得详尽,一对一交谈最有效率。开会的人数越多,时间越长,沟通的浓度越稀薄。

没有人会在会议上说出真心话。会议结束,在整理东西时不经意吐露的那句话,才是发自内心。不能责怪对方:"为什么在开会的时候不说?"当众人聚集时,能够说出自己真心话的人绝对是少数。所以,我认为不妨立下规矩,"想要谈事情，最好还是一对一”。

即使一对一谈话，也不可能劈头就推心置腹。谈话之前要做好心理准备，“所说的一百句话中，能有两三句触及核心就很幸运”，不要气馁，轻松地在日常生活中随时交谈各种话题，达到沟通的目的。比方说，一起吃午饭时，可以找机会随性地聊几句。“这里的餐点真好吃。”“对啊，真好吃。”于是，双方的关系或许就前进了一步。这也正是我有空就和编辑部工作人员一起吃饭的原因。

“厨师必须用心，才能做出这么好吃的餐点。”

“对啊，即使只是普通的饭团，便利商店卖的，和别人家做的，还有自己家里做的味道也会完全不一样。”

像这样越来越深入交谈时，或许彼此的关系就近了两步。每天持续这种聊天，就可以建立真正的沟通。

一对一交谈并不需要经常一起用餐，也不必单独相处，站在办公桌旁聊几分钟也可以达到目的。你会不会以为用这种方式拉近彼此距离，有一种等到地老天荒的感觉？但只要思考一下就不难理解这是必要过程。假设平时几乎没有和你交谈过的上司突然把你叫去会议室，缓缓对你说，“我们现在来谈重要的事”，你恐怕会立刻把心封闭起来。至少我是这样。

公司内总是很容易分享“好消息”，但遇到“坏消息”个人或负责的部分往往会加以封锁。比方说，明明是做不到的事，却不说“做不到”，硬着头皮去做。对新方案有所不满，却完全没有提出质疑，每家公司内部都会有这种情况。

独自背负封锁的“坏消息”很痛苦。为了避免任何人承受这种痛苦，必须贯彻一对一的沟通。当然，不可能一天二十四小时都和所有人个别沟通，但在适当的时机个别交谈，就会令团队成员产生“携手合作的感觉”。“虽然我们并不是形影不离，但我会握着你的手，不必担心。”如果沟通可以传达这样的讯息，就是最棒的沟通。

公司就像一艘船，能够在众人面前落落大方地呈现出一对一谈话的轻松态度，可以培养良好的沟通模式。批评的时候也一样。在密室中斥责下属的行为很不可取，但也不能在众人面前做出伤害他人自尊心的行为。我认为工作上的事就只是工作上的事，任何人都没有权利因此全然否定对方。只要彼此建立了“携手”的信赖关系，就很容易传达彼此的想法。

轻松完成目标的秘诀

一旦设定了严格的目标，过程就要人性化。站在弱者的角度建立计划，由“活生生的人”去执行计划。这是轻松而确实地完成目标的秘诀。

任何工作都要有“目标”。这是不可否认的事实，也永远不可能改变。

目标必须严格，不容许马虎，如果没有百分之百达成，就不算完成目标。预算、时间、人员、目标数字。在有限的条件下达成目标，是拿钱做事的专业人士应该负起的责任。所以，我从来不会说：“既然已经努力过了，这样就可以了。”因为这不是在参加一次和气的社团活动；也不可能像热心教育学生的好老师那样说：“我们有足够的时间，可以一直等到你做出完美的成果为止。”目标是绝对的，设立合理的目标是专业人士应有的诚实，更是正确的判断。

我相信并非只有我这么想，你应该也有同样的想法。无论客户、同事还是上司，认真工作的人都会在“目标是绝对”这个前提下投入工作。但是，再严格的目标也必须由人去完成。我向来认为，“人都很脆弱”。人是有感情的动物，当然会有不想工作的时候，也会感到体力耗尽，精疲力竭；更可能睡眠不足，也会感冒。可能和情人吵架，根本无心工作；也可能陷入低潮，无法发挥实力，甚至可能出现工作效率无端降低的时候。

如果一切都用黑白对错做结论，很可能会造成伤害。如果不顾及个人这些具体情况，很可能引起愤怒和憎恨。一旦无视人心，任何目标都不可能达成。所以，我努力在工作上做到“目标要尽可能合理，过程要人性化”。“为了达成严格的目标，过程也要严格”，这态度看似合理，也似乎能够更快达到目标，但在现实生活中，并不可能做到。无视“人是有感情的动物”而建立的计划，不管再完美，也注定会半途而废。不仅计划无法完成，还经常会留下心有不甘的负面感情。如果为了完成这个计划而抹杀自己，努力了半天，最后只剩下疲劳、愤怒和憎恨，未免太划不来了。因此，一旦设定了严格的目标，过程就要人性化。站在弱者的角度建立计划，由“活生生的人”去执行计划。这是轻松而确实地完成目标的秘诀。

即使截稿在即，并不是每个人都可以用相同的效率工作，没有人是金刚不坏之身；预算有限时，大家也不可能有源源不断的创意，来克服资金不足的问题。因此，在建立计划时，就必须以此作为前提。虽然目标是绝对的，但这个世界上所有的计划都像是有生命的动物，会不断发生改变。

千万不能忘记，无论自己还是对方都是脆弱而不完美的人，脆弱的人必须齐心协力，才能完成严格的目标。一旦了解这个事实，就不难发现，诚实和亲切是唯一的方法。

不诚实的关怀就是欺骗和敷衍

不诚实的关怀就是欺骗和敷衍，这种关怀无法为双方带来幸福。既然做不到，就让对方认清事实。既然做不到，不如趁早放弃。

我刚担任总编辑时,《生活手帖》编辑部包括计时工在内,总共有十八个人，如今只有八个人。虽然也有人问：“只剩下不到半数的人，工作没问题吗？”我深信这种变化无论对公司还是编辑部都很好。虽然工作人员的人数只剩下不到一半，但杂志本身的实力并没有减弱。相反地，我认为目前的团队比以前更有实力。事实上，编辑部内部照常运作，分工更清楚，发行量也不断增加。

总编辑的工作之一，就是让每一位编辑负责适当的工作。比方说，对有能力“翻身上单杠”的人提出建议，“只要这样就可以做到”；对于只会“跳上单杠往前翻下”的人，则安排擅长教翻身上单杠的人和他搭档。原本需要两个人协助才能完成“翻身上单杠”的人，经过多次练习，学会了一个人也可以完成。只要能够独立完成“翻身上单杠”的人增加，就可以把“虽然很擅长协助别人，但无论怎么练习，也无法独立完成翻身上单杠”的人安排在其他部门，或是做其他的工作，于是，编辑部内的人数自然就减少了。

编辑部成功瘦身，工作的质量也自然上升了。或许有人认为，对那些不管如何都无法完成“翻身上单杠”的人说:

“无论你再怎么喜欢，无论再怎么努力，做不到的事就不必勉强。”真的太残酷了。我倒认为明知道对方做不到，却不断鼓励对方，“你试试看”，其实更残忍。明知道对方做不到，却声援对方“你总有一天可以做到”或许是一种关怀，但并不诚实。不诚实的关怀就是欺骗和敷衍，这种关怀无法为双方带来幸福。既然做不到，就让对方认清事实。既然做不到，不如趁早放弃。我认为在工作上，应该正视这个问题。

《生活手帖》原本有一个摄影部门，有几位摄影师在摄影部门工作，他们都喜欢拍照，以此为业。多年来，并没有专人为这些摄影师拍回来的照片做后期制作，所以，编辑部内有一条不成文的规定，“只要拍得不是太离谱，无论作品好坏，都会直接采用”。以前的杂志出版环境允许这样交差了事。我当上总编辑后，重新检讨了照片的质量，发现这些照片并不足以吸引具有鉴赏力的读者。于是，我提议“认真思考照片的质量问题”。当时，我们针对具体的事例，依次检讨“以后需要怎样的照片”以及“照片太差，不符合标准”的情况。

我并非要求摄影师去拍高难度的照片，只是认为既然是工作，照片的质量必须在水平以上。当时的照片并没有达到这个水平。讨论之后，我们了解“该挑战哪些事”，摄影师第一次面临了“需要练习翻身上单杠”的状况。很遗憾的是，即使经过多次挑战，仍然没有一个人能够独立完成“翻身上单杠”。于是，我提议“先锻炼手臂肌肉”。大家都照做了，但仍没有一个人成功做到“翻身上单杠”。“那就从锻炼大腿肌肉开始吧。”我只好降低标准提议。结果还是不行，于是，又要求他们练了腹肌，去慢跑。最终结果是——无论做任何训练，还是无法完成“翻身上单杠”的目标。

最后，只好决定解散摄影部门。有人去了业务部，有人去了管理部，有人在其他公司找到了自己的出路。虽然这种事很难向当事人启齿，但只要花时间好好沟通，当事人一定能够理解——改行是自己的“最佳出路”。因为，我并没有一开始就认定“你不会翻身上单杠”，事实上，也请当事人多次尝试。尝试之后仍然失败时，当事人会最先发现严峻的事实。放弃“喜欢的事”很痛苦，说破对方“做不到的事”很不好受，但是，虽然对方不会“翻身上单杠”，但或许他很会翻跟斗，只是无法在“翻身上单杠”这件事上发挥实力而已。

只要有勇气了解“做不到”的事，接下来一定可以找到“喜欢且擅长的事”，于是，就可以开创新的道路，看到不一样的风景。不需要每一个人都能做到“翻身上单杠”，有的人很擅长翻跟斗，也有人可以专攻侧翻。自己最喜欢、最擅长什么？如何能够对他人有帮助？怎样可以赢得别人的欢心？在不断尝试、不断失败的过程中，一定可以找到这些问题的答案。发挥自己的优点和专长，才能轻松迈向人生路。

总编辑的工作就是“编辑翻身上单杠时在旁边推一把”。我做总编辑时，很希望每个人都在自己“喜欢和擅长的事”上大显身手，所以，只要我能力所及，就会立刻采取行动，相互帮助。比方说，只要对方能够提出企划，迈出和顾客接触的“第一步”，之后，我就可以提供完整的协助。于是，很多人都会鼓起勇气动起来。具体来说，当年我接手重整这家杂志社，将案子交给年轻编辑时，会在确认由他主导的基础上，增派另外两名编辑“支持”。一旦有了这种团队体制，即使是有点冒险的案子，即使是缺乏经验的年轻编辑，也“绝不可能失败”。

当这个案子获得成功后，“下次只派一个人手协助”。下一次的案子也获得成功时，“再下次由你一个人挑战”。经过多次训练，年轻的编辑也能独当一面。如果大人每次都代替小孩子翻身上单杠，小孩子在一旁观看，既不会感到开心，也无法获得成长。凡事都知易行难，但很多人在实际工作中喜欢一手包办，不放心交给下属处理。早日改正这种习惯，人生就会更轻松。

假设有两个小孩子在公园里，正目不转睛地看着单杠。这时可以先走过去向他们打招呼。因为有时候无法了解小孩子真正想做什么。比方说，你可以向小孩子提议：“想不想试试翻身上单杠？”小孩子可能会摇头说：“我没玩过。”我能理解这种心情。面对第一次做的事总是充满不安，并非只有小孩子会退缩。但是，“想做，却感到不安”的心情往往和“想试试看”的心情并存，所以，只要消除小孩子觉得自己“做不到”的不安，为他准备“鼓起勇气的舞台”。这种方法并非只适用于小孩子，感觉下属或后辈想要挑战以前没做过的工作时，就要为他们准备“鼓起勇气的舞台”。这就是主管的工作。

不妨告诉他你可以提供协助，让对方安心。“只要你跳起来，我会在一旁推你一把。”如果只说协助太抽象，仍然无法消除对方的不安，可以小声地告诉他：“你要鼓起勇气，只要你一蹬地面，我一定会伸手帮你。我不会眼看着你掉下来，别担心，我会帮你的。”如此一来，对方一定会鼓起勇气纵身一跃。

Cookies

轻松找到自己生活节奏的好本事

遵守自己的秩序，充分做好自我管理，就会接受自己的生活方式，压力也会减少。 •••

“看一个人的桌子，就可以判断这个人的工作能力。”经常有人这么说，我也很赞同这个意见。听说有些公司规定，下班时桌子要保持干净，连一张纸都要彻底清理。我并没有断定“桌子干净的人＝工作能力强”。即使乍看之下很凌乱，只要符合桌子主人特有的秩序，他应该就是个能干的人。即使桌子上放了很多东西，如果主人根据“未处理的数据放在这个抽屉，打算要看的书放在这个架子上，要回的信放在这里”的规则整理，就没有太大的问题。相反地，即使看起来整理得很干净，如果缺乏秩序，就失去意义。可能为了找一样东西，就会花费很多时间，工作效率也不高。

我经常觉得要“纠正自己的秩序”，每次都仔细检查。我的规则是“尽可能简单明了”，比方说，我每天下班前都会检查桌子，确认桌子上没有放任何东西。我桌子上通常只有一台计算机和一支红笔。并非只是整理时需要简单明了。每当事情变得复杂时，我就会思考“可以单纯化到什么程度？”更新自己的规则。我每次都希望把所有的事套入简单的规则，按照这些规则加以整理。

“你要求像规则一样有秩序，平时都这么一板一眼吗？”也许会有人这么问，但维持秩序是我避免压力的方法。提到规则和秩序，大家都会觉得被人管，有一种压抑的感觉，其实这是学校规则和公司规定留下的错误印象。管理不应该是被动，而是自动自发。自己制定规则，遵守秩序，这是成年人在社会上的生存之道，被人管理是全天下最不幸的事。假设有人主动拜托：“请你来管我。”我会觉得是天大的困扰，也觉得自己无法承担这种责任。也许大家觉得不会有人主动要求别人管他，但无法建立自己的规则，无法遵守秩序的人，就等于用行动表达了这个意愿。无法自我管理的人，如果缺乏他人管理，久而久之，就一事无成。

我身为总编辑，虽然是负责人，但从来不认为自己是管理者。假设有下属对我说：“请你指示我该做什么，告诉我不该做什么。”我希望他立刻辞职，因为我不想，也无法和“不管理就无法做好工作的人”共事。幸好至今为止，从来没有发生过这种情况。“生活是许许多多自己能够接受的事累积起来的。”最近，我开始有这样的体会。

如果生活中充满无法接受的事，将会很痛苦，会导致很多不安和烦躁。相反地，无论遇到多么痛苦的状况，“只要自己能接受，什么都无所谓”。举一个极端的例子，即使别人认为“你怎么会和这么糟糕的人交往？”只要当事人能够接受，就是幸福。正因为这样，需要有整理每天的混沌和烦躁心情的规则。

遵守自己的秩序，充分做好自我管理，就会接受自己的生活方式，压力也会减少。制作一本记录自己秩序的规则簿有很多方法。可以借鉴别人的经验，或是从书本上学习，根据亲身经验得出的规则最理想。

对自己来说，什么是有秩序的办公桌？什么是自己能够接受、认同的生活？自己喜欢怎样的风景？怎样会感到舒服？在日常生活中建立自己的规则，不断更新。实际动手做，就会发现非但不麻烦，而且还很快乐。

“如何才能过自己能够接受的生活？”针对这个主题，一旦有任何新发现，就随时记录在自己的规则簿上。规则愈多，人生愈简单，就可以活得更轻松。

音さがしの本
grain-d'aile

〇三

CHAPTER THREE

无序青年的生活优化术

塞进人生抽屉里的破烂铜铁，

终有一天会变成珍宝。

不如意的岁月

有朝一日会令你发现幸福的青鸟。

LLO! HOW ARE YOU?

KS SAY HELLO! HOW
COWBOOKS

『问题学生宿舍』的美好邂逅

我很珍惜有缘邂逅真心听我说话的大人，这段美好的经验也让我长大之后，能够发自内心地相信别人。

•••

曾经是“问题学生”的我过去无数的邂逅和难以忘怀的经验，造就了目前的我。和某些人的相遇，对孩提时代的我产生了极大的影响。初中二年级时，我是一个让大人无法理解的问题学生。

在那个校园暴力肆虐的年代，大家都认为“不良少年最帅气”。我虽然并不是坏得很引人注意，但对大人充满了猜疑。大家都穿上相同的制服，在相同的时间学相同的事，和大家一起做某件事。我找不到必须这么做的理由，也不做任何解释，只是对一味强迫让我们听话的大人产生了质疑。

学校喜欢把学生分成“好学生”和“问题学生”两大类，像我这种不听话、烦恼很多的不良分子，就会自动被归类为问题学生。

“想抽烟不要在外面抽，来我家吧。”有一次，同学的爸妈对我们说了这么奇怪的话。虽然心生狐疑，不知道对方到底在打什么主意，“无论如何，先去一次看看情况吧。”于是，我们就去了那个同学的家，发现他家的房子很大。他家有好几个房间，简直就像高级日本餐厅。同学妈妈很爽朗，如约为我们准备了香烟，还有很多果汁和点心，请我们不要客气，随便吃，同时，也加入了我们这些中学生的谈话。不止我一个人感到惊讶。因为同学妈妈并非随意敷衍，而是认真对待我们每一个人，发自内心地认真听我们说话。

无论老师还是父母，当时的大人只会强迫我接受他们的想法，令我感到窒息，但是，同学的妈妈不一样，她没有说教，只是默默倾听。我在不知不觉中，一个劲地把内心的想法统统告诉了她。当时，我对能够遇到这样的大人感到乐不可支。她对我很有兴趣，虽然认识不久，却完全接受我，用真挚的态度和我相处。

傍晚的时候，同学妈妈动作利落地做了晚餐，对我们说："大家一起来吃饭吧！"那天并不是什么特别的日子，之后，每次去那个同学家，他妈妈都用相同的态度迎接我们。久而久之，我们理所当然地经常聚集在那个同学家，甚至在他家洗澡，不再回自己的家。这已经是公然的离家出走状态。我们在那个同学家睡觉，早晨起床后去学校上课。有时候不去学校，就在他家耗一整天。虽然也有人偶尔回自己家里，但最多的时候，曾经有八个男生住在那里，久而久之，那里成了“问题学生宿舍”。

同学家里总是整理得很干净，还供应早餐、晚餐，简直就像在做梦。而且，同学妈妈还像父母教导自己的孩子般，教我们正确的生活习惯。每天不是早晨起床后刷一次牙而已，早晚和饭后都要刷牙，还纠正我们拿筷子的方法，以及吃饭时不能跷二郎腿或是把手肘放在桌上。大部分家庭都会在儿女幼年时教这些基本礼仪，虽然我们已经是中学生，同学妈妈还是很有耐心地教我们这些别人家的小孩。如今，我能够体会当时的她多么辛苦。在“问题学生宿舍”的大人并不是只有同学妈妈而已，还有她的丈夫，也就是同学的爸爸，他做的事也超越了常理的范围。

“你们应该多见识一些东西，开开眼界，今天去美术馆吧。”假日的时候，他自己开车，又叫了出租车，带我们去美术馆、听音乐会、去百货公司。他还说：“你们应该看看各种不同职业的大人。”带我们去见了他工作上的朋友。不久之后，学校也有一位与众不同的老师说：“如果这些孩子有意愿，我愿意帮忙”。于是，就来“问题学生宿舍”当家庭教师。除此以外，还有另一个很有毅力的年轻女人也来当我们的家庭教师，很有耐心地和我们这些讨厌读书的学生相处，鼓励我们：“大家好好读书，一起上高中。”最后，几乎所有人都考上了想读的高中。

当时，学校无法正常上课和中学生闹事成为社会问题，我们的“问题学生宿舍”成为当地的热门话题，电视台也来做采访，记者在报道中说：“来这里之后，原本喜欢闹事的不良少年连表情都发生了变化。”那么，这对夫妻为什么对我们这么好？他们不是为了沽名钓誉，也不是因为“希望大家觉得我们是好人”，更不是有钱有闲，想做慈善事业。他们的儿子，也就是我们的同学也经常和我们一起玩，他并不是问题学生，而是很普通的中学生。他还有一个比他小一岁的妹妹，现在回想起来，对家有青春期少女的家长来说，让一群品行不良的中学生住在家里，一定会有很多担心和顾虑。一群中学生在半夜吵闹时，也一定遭到邻居的抗议。照顾我们这些问题学生完全得不到任何好处，反而会为他们带来很多麻烦。

很遗憾，现在已经无法确认同学爸妈的想法，但有件事很清楚，那就是他们夫妻“无条件地相信”我们。他们完全不在意谁是哪一家的孩子，功课好不好，或是发型、制服是否合乎规定，只因为我是我，他们就付出了信任。当时，我有生以来第一次学到“原来可以相信别人”。只因为我亲身体会到“她信任我”。我很珍惜有缘邂逅真心听我说话的大人，这段美好的经验也让我长大之后，能够发自内心地相信别人。

终于发现了象征幸福的青鸟

最后，我终于了解一个事实，“无论怎么寻找自由，都无法得到自由”。自由不在某个遥远的地方，而是在身边的某处。

我想在天上飞。托前述同学妈妈的福，我立志要考自卫队的储备干部。于是，我下定决心，“好！我要来用功读书！”从我现在的样子或许很难想象，但在当时，高中对我完全没有吸引力。对一个“想靠自己在天空自由飞翔”的中学生来说，最快的方法，就是成为自卫队的飞行员。

考自卫队储备干部的竞争相当激烈，可能比普通的升学高中更不容易考上。一旦录取，就会分为陆、空、海军，在基地内的学校学习，毕业之后，可以直升防卫大学。我不太了解目前的情况，但在当时，一旦考取自卫队的储备干部，等于迈向了领导未来自卫队的军营之路。因此，我去当地的自卫队事务所洽询时，他们立刻觉得“这个区域也要创造出一颗希望之星”，动员了整个地区的人力支持我。他们的支持行动很热情，也很实际，为我张罗了过去几年的考试真题。我也拼了命地读书，那应该是我这辈子最用功的一次，跟着来同学家辅导我们功课的家庭老师，认真攻读五个科目。

“棘手的问题学生”摇身一变，成为背负众人期待的希望之星。初试的那一天，我发烧到四十摄氏度。我顺利通过了初试，只有一百多人榜上有名。我挤进了难以想象的窄门，周围的人都惊讶不已，觉得发生了奇迹，我自己也不敢相信。但是，更令人惊讶的事还在后面。在复试的健康检查时，发现我是色盲，于是遭到淘汰。我不禁愕然。但是，心情却很畅快。我尽力而为，最后因为不可抗力的因素而遭淘汰，也就没什么好不甘心的，而且在这过程中，我感受到一股“我做到了”的成就感。我失去了飞上天空的自由，只能改考原本根本不打算念的高中。在同学的邀约下，我报考了一所橄榄球的名校。由于我之前为了考自卫队时用功读书，学力大为提升，以榜首进入了那所高中。

问题学生再度变身。我顺利进入了众所瞩目的橄榄球社，当上了班长，也深得学校老师的信赖，我的人生发生了重大改变。但是，我的变化并没有停止。我因为练橄榄球太拼了，导致大腿骨骨折，必须住院三个月。复健的时间也超过一年，看着其他球员挥汗如雨练习的身影是莫大的痛苦。我对高中失去了兴趣，从此不再上学。因为我觉得持续这种好像被拔掉翅膀的生活没有意义，于是决定放弃。

之后，我整天无所事事，在附近乱走乱逛，和一些同我一样从高中辍学的学生聚集在一起夜游、吵闹，轻松玩乐。虽然很快乐，但只是在一个封闭的世界中蠕动。独处的时候，我常看中学时就喜爱的高村光太郎的诗集。因为我渐渐养成了只要看这本诗集就思考的习惯，所以开始思索。我目前身处的地方虽然是舒服的安全地带，但如果一直躲在这里，只会继续堕落下去——我想离开这里。想去一个到处都是陌生人的大世界。

我希望在一个全新的环境内重新开始，我想要自由。我想要像杰克·凯鲁亚克和亨利·米勒一样，在自由的国度旅行，自由自在地生活。我道别了玩伴，只身前往美国。我单独决定这件事，也单独上路。我干了三个月的粗活，存了五十万日元，巧妙地骗父母说："我去美国读免费的语言学校。"我以为从此就自由了。至今，仍然有人看到我的这段经历后，这么对我说："你十八岁就去美国游学，真有挑战精神，而且对目前的工作很有帮助，你太厉害了，这么有先见之明。"这完全是美丽的误会，虽然我并没有说谎，却感到浑身不自在。

我逃离日本前往举目无亲的美国，不是去旅行，而是逃避。我不会说英语，也不认识一个人，更受到种族歧视，身上的钱愈来愈少。事实上，我根本没有享受到自由。在美国的那段日子是我的黑暗时期。我搭机来到国外，整天关在廉价旅馆的房间内。因为只要一出门，就必须开口说话。我知道别人听不懂我说的话，所以不想开口，也不想出门。只有去书店打发时间不用说英语，今天去这家书店，明天去那家，每天好像出门上班。

关在房间里的时候，我读了从日本带来的《在路上》。一边旅行一边生活的自由，没任何束缚的自由。我忍不住想，当初来美国并不是为了过这样的生活。在孤独的美国，没有人束缚我。没人管我几点起床，就算不起床也无所谓；可以一整天做自己想做的事，也可以一整天什么都不做。如果说，不受束缚就是自由，我比任何人更自由。

然而，虽然外在得到了终极自由，但我的心一点都不自由。十八岁时，我再度开始思考，“自由是什么？”我想靠自己的力量自由地在天空中飞翔。十几岁时，我所做的一切似乎都是为了这个目的。我花费了很长的时间寻找自由。在迷茫的同时迈开步伐，无论怎么绞尽脑汁，都找不到答案。最后，我终于了解一个事实，“无论怎么寻找自由，都无法得到自由”。自由不在某个遥远的地方，而是在身边的某处。我终于发现了象征幸福的青鸟。

脆弱的日子中，学会了诚实与亲切

我充分了解自己的脆弱，在身心都支离破碎的同时，才终于体会到这一切。正因为走过那一段岁月，我才能深切地把“诚实和亲切”牢记在心。 •••

“诚实和亲切”这是高村光太郎留在岩手县花卷市旧居书籍中的话语。这句话本是为山口村的小学生而写，后来却成为我的心灵支柱。“诚实和亲切”这句话看似简单，却很深奥。人很难永远维持诚实和亲切，但只要记住这句话，就不可能偏离太远。只要在人生路上随时自问，自己是否诚实和亲切，就可以克服工作和人生路上的任何难关。

我经历了在美国的那段黑暗时期，过着和诚实、亲切无缘，正确地说，是完全相反的生活，才能有今天这种体会。聪明人只要用脑筋想，就知道自己的人生该走什么路。但我这个人似乎凡事都要亲身经历才能了解。即使是已经变质的难吃食物，如果没有亲自走去那家餐厅亲口尝一尝，就无法了解到底哪里出了问题。我就是这样一个怪胎。在美国流浪的那段时间，我不再足不出户。一方面是因为孤独已经侵蚀了我，我无法再忍受独处的感觉。只要看到日本观光客，就会立刻主动上前打招呼。即使遇到在日本时，完全不会想和他当朋友的人，也会因为寂寞难耐，而主动向前，说声：“你好。”但是，在对方眼中，我是一个怪胎，一看就不像是观光客，衣着打扮也很邋遢，脸上写满对生活的疲惫，所以经常遭到漠视。

当我身上没钱时，就拿着睡袋去投靠认识的美国人。二十世纪八十年代末期的美国十分混乱，只有和我相同境遇的人才愿意收留我。那些人自称是音乐人，在摇摇欲坠的公寓内每天沉迷于毒品中，过着走向毁灭的生活。有时候我会不经意地问："最近怎么都没有见到那个人？"即使听到"他不久之前死了"之类的回答，也丝毫不足为奇。有不少人因吸食毒品过量，结果就一命呜呼了。寄人篱下，还对别人品头论足，感觉似乎很卑鄙，但我内心确实觉得"我才不想和这些不入流的家伙交往"。话说回来，除了他们，没有人愿意理我。我木然地站在电影院门口，突然有人递了一块比萨到我面前。

"你肚子饿了吧？吃吧。"我抬头一看，是一个衣衫褴褛的大叔，一看就知道是游民。想到自己竟然沦落到让游民施舍食物给我的地步，很受打击。而且，当时我真的饥肠辘辘。我接过的比萨相当冰冷，像石头般硬邦邦，根本无法下咽。人是脆弱的，所以，当自己痛苦的时候，根本无法体谅他人。

在美国的那段黑暗岁月，我深刻体会到这一点。和“冷比萨事件”差不多相同的时期，某天我去一个美国朋友家里玩，看到桌上放着巧克力。我身上的钱所剩不多了，经常饿着肚子。我趁主人不备，偷吃了一块，还把另一块放进口袋。“啊，有巧克力！我可以吃吗？”当时，我的英语能力已经可以表达这个意思，而且，我这么说，对方一定会回答：“好啊，你吃啊。”但是，我看到眼前的巧克力，还是忍不住动手偷窃。

虽然我是不良少年，但从来没有顺手牵羊过。我惊讶不已，“人一旦饿肚子，连这种事也干得出来”。虽然这次是巧克力，如果是十美元，我应该也会下手。幸好，我的偷窃行为并没有变严重，不过，却发生了一件令我对自己更加失望的事。当我觉得出门是一件有趣的事，也开始结交朋友时，我一开口就谎话连篇。当时的我一无是处，没有工作，也身无分文，更找不到自己想做的事。我无法接受这个现实，和他人相处时，总是往自己脸上贴金，总是戴着假面具。

“我正在学艺术，目前虽然不太好过，但近期将会有一个大项目。”

“虽然我看起来游手好闲，其实我家里很有钱。”

“我在日本时就参与了很多有趣的活动，在美国也受到了肯定。”

只要遇到想要结交的朋友，我就开始谎话连篇；遇到对我有好感的女生，就开始花言巧语；想要耍帅，让自己有面子时，就开始扯谎吹牛；一旦发生问题，就用谎言解决。谎言就像滚雪球般愈滚愈大，为了掩饰谎言，就要说更大的谎。谎言一天比一天多，就像贷款的利息，愈滚愈多，连我自己都分不清真假了。

不久之后，“说谎的自己”开始向我反扑。即使对方喜欢我，也是喜欢那个用谎言堆积起来的我，而不是真正的我。当我了解这一点，就觉得即使和人见面，也快乐不起来；即使和女生谈恋爱，一旦发现谎言快要被戳破时，就立刻和对方分手。不是因为不喜欢而分手，是怕自己露出马脚而无奈分手，真的很悲哀。即便如此，我仍然无法停止说谎。

我很清楚谎言和毒品一样，正在慢慢侵蚀我，但谎言是我和他人沟通的工具，我欲罢不能。有一天，和众人闲聊时，一位交情匪浅的好友对我说：“弥太郎，大家知道你说的都是谎话。”我无法忘记当时的震惊。朋友的这句话比冷比萨，比起偷窃的巧克力更令我震惊。那个朋友并没有指责我，只是好像在聊天气般，淡淡地对我说。我说谎成瘾，失去了众人的信任。我被谎言困住了，无法继续往前走。谎言的可怕就像下个不停的雨，持续打在我身上，我沮丧到了极点。

那段时间，我把一辈子，不，应该把两辈子的谎言都说尽了，我无意为这样的自己辩解，但正因为我有过这样的经验，所以才能了解“诚实和亲切”的重要性。并不是用脑袋思考“说谎是不好的事，所以不能继续说谎”，而是曾经有过差一点毁掉人生的沉痛经验，真正了解谎言有多么可怕。我充分了解自己的脆弱，在身心都支离破碎的同时，才终于体会到这一切。正因为走过那一段岁月，我才能深切地把“诚实和亲切”牢记在心。

不要抛弃自卑，将它化为激励自己的工具

如果我完全没有任何自卑，可能不会在人生路上付出努力，我的人生一定会和现在大不相同。 •••

我从小到大，一次又一次做“地狱的梦”。

我独自走在路上。猛然抬头一看，有个人走在我前面，似乎有东西从他身上掉了下来。是火柴。“啊，火柴掉了。”我说。就在我开口的瞬间，眼前的场景就变了。那里是一个宽敞的舞台，我在相当于三楼的位置。低头一看，下面是一个洞窟，四周被粗糙的岩石包围，挤满了外形奇特的魔鬼和妖怪，呈现出黏稠的色彩，我不时听到“啊！”或是“呜呜呜”的痛苦惨叫声，吓得大叫，然后被自己哭喊的声音惊醒……对以前的我而言——不，老实说，对现在的我也一样，地狱近在身旁。

用地狱这个字眼，或许听起来很可怕，但也可理解为光和影中的影子部分、自己讨厌的部分或是自卑之处。那是面对自己有所欠缺时产生的不安全感，以及觉得自己很糟糕的自卑感。我不否认这种地狱，在接受的同时，努力设法克服，就是“和地狱为伍的我”的生存方式。无论是工作还是私人活动，“自卑感”是让我在某些事上努力不懈的原动力。虽然我很糟糕，但还是要努力发挥自己的专长——这就是我的一切。

老实说，我有很多俗话所说的自卑。最典型的，就是对学历的自卑。高中辍学后，我的“学历”只有中学毕业。“松浦先生，不可能有人会耻笑你只有中学毕业这件事啦。”当我和别人提起这件事，对方总是笑着反驳。就算事情真的像他说的一样，我内心的自卑感也没有放过我。“因为我没有上学，也没有读书，大家都觉得我脑袋空空，一无所知。正因为我是不读书的笨蛋，如果不多看点书，会被人耻笑。”

我内心深处隐藏着这样的想法，所以我会大量阅读。因为不希望别人觉得我一无所知，所以搜集各种知识；因为不希望别人觉得我什么都不懂，所以努力学习，用自己的方式思考、理解。这种事不值得夸耀，我也觉得很丢脸，但因心有自卑，故以此作为动力，正是人类最能够发挥潜能的方法。

就因为我自惭形秽，才会看书、开二手书店，并开始写文章。之后参与编辑的工作，并成为《生活手帖》的总编辑。最近，我受邀站上讲台，成为上智大学新闻系的兼职讲师。如果我完全没有任何自卑，可能不会在人生路上付出努力，我的人生一定会和现在大不相同。所以，不要抛弃自卑，而是将它化为激励自己的工具。不妨珍惜这个部分，视之为自己的“个性”。虽然我不知道这种使用方法是否正确，对我而言，的确是相当有效的手段。

不忘初衷，认真投入

“初衷”是所有一切的起点。即使只有针尖那么大，但一个机会往往可以带来另一个机会。•••

从美国回到日本时我二十岁出头，便开始做书籍相关工作，但得到的收入无法养活自己，即使在跳蚤市场卖国外杂志，收入也很微薄。带着视觉书和摄影师、设计师见面很愉快，却无法为我带来稳定收入。于是，每周差不多有一半的时间，我都会早起去高田马场的一个小公园。那里有人专门介绍“道路工程，日薪八千日元”之类的临时粗活。

应征者通常都是有隐情的人，游民、外国人或没有户籍的人，全都来路不明。前来应征的人中，有些人明显抱病前来，也有人一身酒气。虽然在世人眼中，那是最底层的工作，但大家都想赚钱，所以很希望被挑中。我在这些人中年纪最轻，也很有体力，所以每次都可以接到工作。但是，不知道工作地点就跳上车后，等待我的当然都是很苦、很累的粗活。

为了多赚一百日元，我卖命工作。现场的工头叫住我：“小兄弟，你明天要不要来？”“如果被挑中，我就会来！”我回答，工头对我说，不必经过中介，可以直接到工地现场。这么一来，我就不必一大清早去高田马场等候，省了不少事。渐渐地，工头每天都找我去，我很开心，工作也更认真了。

虽然我是受雇干粗活，但他们也会找我去做一些和工作无关的跑腿差事，而我也总是不厌其烦地随叫随到。有时候别人叫我：“帮我去买罐咖啡。”我立刻大声回答：“好！”跑去买了咖啡。当我把冰咖啡递给工头时，还不忘说一句：“我买回来了，请喝吧！”于是，就有人问：“你没买自己的份吗？那这个给你。”我欣喜若狂，更乐于为大家跑腿。没多久，他们对我的称呼，从“小兄弟”变成了“松浦”。这是一件很值得惊讶的事。

因为工地的人不可能记住这种粗活临时工的名字，受雇的临时工也常因有不可告人之事而使用假名。“咦？那个大个子，之前不是自称小川吗？今天怎么变成了高桥？”之类的事司空见惯。在这种环境下，别人居然记住了我的名字，而且，有时候还会交代我一些事，“松浦，明天需要比较多的人手，你找几个朋友来。”这件事为我带来的快乐不亚于和摄影师一起聊二十世纪的艺术。当时，我并没有特别注意，一直到后来才发现，我之所以在工地受到特别照顾，在书的工作上得到很多人的帮助，是因为我无论做什么事，都很认真投入。我的“初衷”获得了众人的赏识。无论到了几岁，无论从事怎样的工作，无论身处怎样的立场，都不能缺乏“初衷”。年轻并不等于初衷。刚踏入社会的新鲜人未必有初衷，经验老到的专家却可能保有初衷。经验让我觉得“一旦忘记初衷就完了”，我经常提醒自己，初衷是绝对不能放手的东西。认真打招呼。认真回应。无论做任何事，都要不忘初衷，认真投入。无论事大事小，都要认真对待。要为遇到新事物高兴，要坦诚表现想要好好努力的心情。

于是，在每天的日常生活中逐渐蒙尘的初衷，就会再度绽放光芒，这么一来，就太可喜可贺了——面对原本已经习以为常的事物，会再度产生新鲜感。虽然初衷是理所当然的小事，然而我相信，一旦缺乏初衷，就不会有人真心相待。“初衷”是所有一切的起点。即使只有针尖那么大，但一个机会往往可以带来另一个机会。无论任何事，当别人有所托付时，就是机会。如果某人泡的茶比任何人都好喝，难道不会对他产生好感？难道不会希望有朝一日，让他有更大的发挥空间？

浪费的时间，有朝一日会成为珍宝

我知道——在看似虚度光阴的时期塞进人生抽屉里的破铜烂铁，终有一天会变成珍宝。不如意的岁月总有一天会成为构成自己某一部分的重要元素。 •••

“你怎么知道？”将近三十岁时，每当我在谈论某些事时，大家就会听得目瞪口呆。在“COW BOOKS”开张之前，我在赤坂的进口书店“越桔莓”内租了一小块地方，第一次开了卖书的店。我在赤坂时遇见了各式各样的人。有来串门子的客人，也有在我还没开店之前，就很支持我的人。还有后来成为朋友的女生……

和那些人的关系可以延续到今天，就是因为我和自己邂逅的人天南地北地无所不聊。“简直就像电影情节一样，太有趣了。”每当我提起在美国的那段黑暗岁月，大家都哈哈大笑，乐在其中。当我聊起曾经发生的各种事时，每个人都听得出神，甚至有在媒体工作的朋友说，这些事听起来太有意思了，建议我写成文章。当真的有媒体上门委托我写稿时，我虽然从来没有写过文章，但还是完成了，而且，我甚至觉得“要写多少都没关系”。

在黑暗岁月经历的事，当时的思考、想法和幻想，都已经成为过去。虽然我觉得当时的生活只是苟且偷安，既悲惨，又没有意义，然而，却在不知不觉中，把一切放进了心灵的抽屉。曾经有一段时间，我将之视为一段悲惨的往事，封闭在内心，但几年之后打开一看，发现已经在不知不觉中变成了珍宝。除了日常的故事以外，书也是如此。

我在美国浑浑噩噩的那段时间，每天都去很多家书店，其中包括二手书店。当时以为自己只是在消磨时间。我因为无聊和模糊的兴趣到处翻阅艺术和视觉书，但这些经验也放进了我人生的抽屉里。日本的摄影师和设计师虽然了解著名的摄影和艺术作品，但大部分人都没有亲眼看过。我凭着实际欣赏出色作品得到的知识，以及自己的思考和经验，发现即使教科书上不曾提到的二流艺术，也可能出现精彩之作。当我从抽屉里取出这些话题和大家分享时，大家都忍不住问："你为什么连这种事都知道？"当时，我再度体会到，原本以为浪费的时间变成了珍宝。

大部分人都喜欢走快捷方式，急于得到成果，竭尽所能寻找有效率的方法。我因为个性的关系，无论以前或是现在，都不会做这种事，但我能够理解别人为什么想要走安全的快捷方式。大部分人都讨厌原地踏步。前进不能，后退不得，不知道该往左走，还是向右走的状态的确很痛苦，看不到未来的感觉也让人极度不安。我就经历过放眼望去，找不到朋友，甚至无法相信自己，每天宛如身处地狱的生活。正因为我曾深刻体会过这种生活，所以，可以深切了解这种心情。也因此，我知道——在看似虚度光阴的时期塞进人生抽屉里的破铜烂铁，终有一天会变成珍宝。不如意的岁月总有一天会成为构成自己某一部分的重要元素。我目前仍然在旅途上，有时会原地踏步，有时觉得自己在同一个地方挣扎，但我未曾想过要放弃所有弯路，搭着飞机一路飙到目的地。因为我相信，人生中必定有某些时期，只要一味地把看似走了弯路的事默默放进抽屉里就可以。

〇四

CHAPTER FOUR

再见！
我的杂乱人生

在自己喜欢和擅长的事上投入时间、
意识和人生能量，
让人生的后半个战场轻松地活出自我。

AQUARIUS

第一号
新しい婦人雑誌
美しい
暮しの手帖
VITA

KURASHI
NO
TECHO
35-20

40岁前『储蓄』自己，40岁后『投资』自己

必须注意的是，想要在未来的人生中增加自己的资产，就必须进一步增进自己的强项，也就是自己擅长的事，如此便能提高投资效率。•••

“四十岁”是人生的一个段落。假设人的平均寿命是八十岁，四十岁刚好站在人生的折返点。四十岁之前，每个人都走了很多冤枉路，经历了各种考验，遇过好人，也见过坏人，体会过美好，也干过蠢事。所有这一切，形成了自己的内在。过了不惑之年，就要有意识地改变。

四十岁之前是“储蓄”时期，四十岁后是“投资”时期。虽然听起来像是证券公司的广告词，但这是我的真实感受。四十岁后，不必再做形成自我的“储蓄”工作，而是该思考如何将之前建立的人生和储蓄的经验这些“资产”进行投资。

“我虽然已经迈入不惑之年，却没有资产。”

“我几年之后就四十岁了，但不认为在那之前可以累积资产。”

或许有人内心有这种不安，但我认为如果四十岁是人生的折返点，那每个人所累积的资产并不会有太大的差异。人生的资产并非取决于辛苦和努力，只要经过了一定的时间，每个人都可以得到相应的资产，只是大家没有察觉而已。

四十岁生日那天，记得告诉自己——“我活了四十年，累积了‘肉眼看不到的资产’”。如果只因为“我有资产”就感到安心，当然无法投资，必须具体了解自己储备了哪些资产。我建议大家盘点一下，建立自己的“资产账”，才能进一步了解自己。你最擅长的事是什么？无论如何都做不到的事是什么？喜欢什么？讨厌什么？哪些方面游刃有余？哪些方面匮乏不足？至今为止和从今以后，在工作方面有什么计划？我会在笔记本上写下“松浦弥太郎”是一家拥有怎样历史的公司？有什么强项？有什么弱点？虽然写得很潦草，却是了解自我的“资产账”。

彻底回顾自己的人生，记录肉眼看不到的“自我收支”并不简单。工作的范围、责任，可以动用的资金和纠葛，所有的事都很庞大，乍看之下，不容易了解自己的强项和弱点。正因为这样，所以要仔细清点，记录“资产账”有助于客观把握、理解有点了解，又好像不怎么了解的自己。不安来自“不知道”这种抓不到、摸不透的心情，反过来说，只要真实而又具体地把握，就可以消除大部分的不安。完成“资产账”之后，就进入了“投资”的阶段。投资就是将自己拥有的资产给予他人、和他人分享。必须注意的是，想要在未来的人生中增加自己的资产，就必须进一步增进自己的强项，也就是自己擅长的事，如此便能提高投资效率。

相反地，即使把焦点集中在自己的弱点上，努力想要克服自己不擅长的事，恐怕也很难产生利润。在自己喜欢而且擅长的事上投入时间、意识和人生的能量，才是能够创造利润的最佳投资方法。年轻的时候，以投资为名，浑浑噩噩地乱玩、乱买衣服之类的愚蠢行为，或许可以在这个阶段产生价值。但四十岁后，就要抛开多余的东西，轻松投资。四十岁后的投资要集中火力，把精力完全投注在自己喜欢的事上，别再做蠢事了。

我的投资对象是学习和旅行。最花钱的书，就是自学这种最佳学习工具。用餐是学习，旅行也是学习，更是超越学习的投资对象。思考自己的资产投资，人生的后半个战场就可以更轻松地活出自我。

放空自己，将『人生食谱』倾囊相授

公开自己珍藏的食谱，毫不吝啬地传授出去，由他们做出新的料理。这才是自己人生资产的最佳投资，利息自然而然会回馈到你身上。 •••

每个人在四十年间建立的资产，其实就是“人生食谱”。那是人生的智慧、工作方法和沟通方法等诀窍的结晶。“人生食谱”代表了一个人的一切，是无可取代的，所以可能有人会觉得不可以轻易把这种秘籍传授给他人，必须好好珍藏起来，或是视之为传家宝，只传授给自己认定的徒弟。但是，把“人生食谱”藏起来，就好像把钱藏在床底下，根本无法发挥投资效果。不仅无法生利息，价值也会不断减少。

因此，到了不惑之年，应该把之前储蓄的“人生食谱”回馈给社会。不断向他人传授，如数奉送给别人。也许之前都一直珍藏着，但在四十岁后，要倾囊相授，把自己放空。完全放空后，是否变得一无所有？恰恰相反。存入社会这个大银行的资产会被他人运用。比方说，向年轻人传授工作方法时，别人就可以借鉴自己的经验，自己的食谱就可以对他人有帮助。公开自己珍藏的食谱，毫不吝啬地传授出去，由他们做出新的料理。这才是自己人生资产的最佳投资，利息自然而然会回馈到你身上。

然后，你就会发现——自己也曾经参考别人的食谱，然后用自己的方式改良，研发出新的食谱。把自己的食谱传授给他人，自己才有精力学习更新的食谱。你也是借鉴了别人的食谱才有今天的成就，所以绝对不能私藏，这次轮到你和别人分享食谱。

给拒绝思考的人

即使只是一个苹果，每天从各种不同的角度练习深入思考，你的宇宙将更宽广。 •••

看到苹果，可以发挥多少想象力？只要发挥想象力，经过思考，就可以看到原本看不到的东西。比方说，有一个苹果在眼前。你可以针对苹果充分发挥思考能力吗？

“是苹果。”

“红红的、圆圆的。”

“很想用力咬一口。”

“做成苹果派应该很好吃。”

“看上去好新鲜的样子。”

当思考的嫩芽接二连三地探出头，就继续拓展。

“看苹果的底部，会发现不是圆的，很凹凸不平。”

“不知道这个苹果长在怎样的树上？”

“是谁，在哪里种的？”

“如果把皮削掉，里面不知道会不会有蜜？”

针对苹果至少要有以上这些联想，才能称得上是“思考”。如果每天都很忙碌，很可能会放弃思考的行为。即使不思考，也可以活下去。即使随波逐流，人生仍然可以继续下去。于是，我想起一本我很喜欢的书，书名是《给拒绝思考的人》（*The Book Of Think*）［马利林·巴恩斯（Marilyn Burns）著］。那是一本有点像绘本的书，我从这本书中了解到，任何事都一定有看得到的部分和看不到的部分，只要在这个基础上，思考肉眼看不到的部分、正反两方面，就会发现这个世界变得更加深奥。你在练习思考吗？

“虽然对苹果的思考仅此而已，但我每天都在绞尽脑汁思考工作上的事。”也许有人会立刻这么回答，果真如此吗？我总觉得很多时候，以为自己在思考，但其实只是根据眼前的条件在“处理”而已。“因为很急，因为这样可以赚钱，因为是一个好工作……”如果只是逐一解决眼前的事，那根本不是思考，只是短视的判断。

“这个人在 A 团队不理想，把他调去 B 团队吧。”一旦用这种机械式的行动解决问题，就称不上是思考，只是应付而已。思考是一件困难的事，无论遇到任何事，如果不充分思考就行动，便无法成为自己的实力、自己的资产。肉眼看不到味道、气味、触感、故事。即使只是一个苹果，每天从各种不同的角度练习深入思考，你的宇宙将更宽广。

麻烦，有种你就来

问题是进步的契机，是人生中的幸运。而且，遇到问题时，正是整理散乱的心灵空间，舍弃不必要、修复破损的最佳机会。•••

有些景色是因为这个年龄、这个年代才能够看到。有时候，努力向前走，发现突然豁然开朗，呈现出一个新世界。回想起来，我三十多岁的近十年以来，自己努力向前走，但总觉得看到的景色都一样，就好像走在健身房跑步机上。和那时候相比，我觉得现在终于开始慢慢向前迈进。为什么突然能够看到新世界？那是因为我经历了一件乍看之下很麻烦、又很辛苦的事。每次发生意想不到的“麻烦”，就会推动我向前迈进。

开始写这本书的那个春天，我得了轻度抑郁症。之前我就经常有睡不着、心情低落的情况，无法搭电车，无法去人多的地方。这次的情况比较严重，于是，我去看了身心科。每到夜晚，我就一个劲地写像是日记般的文章，但内容很凌乱，事后根本无法阅读。我无法顺利表达自己的心情，痛苦得快要发疯了，于是，我只能拼命借由文字倾吐。“谁来救救我”——最后永远都是这句话，但我比任何人更清楚，别人帮不了我。

我去医院，医生开了抑郁症的药。我看着处方单，不禁产生怀疑，“化学药物可以治疗心病吗？”即使领了药，我仍然对这个疑问耿耿于怀，最后终于想到，如果不找到引起疾病的“根源”，就无法解决问题。我得了心病，是因为别人的行为伤害了我吗？“不，问题出在自己身上。”另一个我否定了这种想法。在此之前，我的意识都针对“外在”，那是我的意识开始转向“内侧”的瞬间。我在承受痛苦的同时告诉自己，要努力认清“疾病的根源 = 自己的问题”。

当我正视自己、发现缺点后，是否会为自己找理由？即使正视自己，发现疾病的根源，是否仍然在自我欺骗？在正视自己、发现需要改进的地方后，我是否借由转职、更换合作伙伴，来改变周围的环境，而不是改变自己？——每次自我欺骗，我的心灵空间就增加了应该丢弃的垃圾。这就是我生病的原因。这就是问题的根源，虽然无法立刻解决，但至少为心灵空间点亮了灯火。

正视根源，就可以消除不安，抑郁症的症状也减轻了。就好像一直走在看不清风景的黑暗森林中，突然来到一片宽阔的原野，看到一片截然不同的景象。人生中绝对会遇到意想不到的挫折，无论工作还是恋爱，再怎么一帆风顺，都可能一夕变卦。遇到这种情况时，即使憎恨对方，杞人忧天也无法解决问题。“问题会不会是出在我自己身上？”只有这样思考时，才能解决问题，才能向前迈进。一旦前进，就可以看到和目前不同的景色。

问题是进步的契机，是人生中的幸运。而且，遇到问题时，正是整理散乱的心灵空间，舍弃不必要、修复破损的最佳机会。这不仅让人了解到疾病的根源，更会让人了解什么事才是最重要，才能迈向一个新的境界。所以，我希望永远可以保持“问题，有种就来吧”的心境。

发自内心地相信他人

只要不断练习接受他人、相信他人，有朝一日，或许可以相信他人，至少自己会因此发生改变。•••

最近，我因为遇到了问题而有了一个重大发现。那就是必须“相信他人”。因为在此之前，我从来没有发自内心地相信他人。——当我发现这个事实时，我受到了前所未有的冲击。

我有一个很要好的朋友。我们都很欣赏对方，曾经相约“找机会合作”，也经常推心置腹地交谈。我和他不仅是好朋友，在工作上也保持良好的关系。但是有一次，我突然感到很难过。比方说，我为了让他高兴，为了寻求他的理解做了很多事,但下一刻却忍不住觉得“他似乎没有这么对待我”。我把他当成好朋友，他会不会也这么想？这么说或许有点自私，但我觉得我们双方对待这段关系的热情并不相同，内心愈来愈不安。

这时，刚好出现了问题。我们在聊天时，他说的一句话让我很受打击，几乎因此一蹶不振。我知道对方没有恶意，但心灵还是受到极大的创伤。无论睡着还是醒着，都会想起他说的话，无奈之下，我只好找他出来谈一谈，告诉他：“你说的话让我很受伤，我无法工作，也食不下咽，损失惨重。”他当然立刻道歉，直说因为自己发言不慎，伤害了别人。但我仍然像悲剧主角般，抱着伤口痛苦呻吟。然而，这时我也突然发现“问题的原因在我自己身上”。

我恍然大悟。深受伤害的悲剧主角——我发现我在“故意”扮演这样的角色。虽然已经不是小孩子了，但我为了吸引他的注意，假装自己受到伤害，而且，连我自己都没有察觉到在演戏。就好像说谎成瘾的人谎话说久了之后，连自己也信以为真，当时的我，完全就是那样的状态。

我希望对方了解我，想要他对我说，我是正确的。于是，就用这种方式向对方撒娇。我为什么不惜用这种手法确认对方的想法？答案很快就找到了——因为我从来没有发自内心地相信别人。听到有人“不相信别人”，通常会觉得那个人很糟糕，个性上一定有什么缺失。我自己也不愿意承认这一点，所以一直在自我欺骗。

这么多年来，我很了解在人生旅程中，相信他人是非常重要的，也自以为很相信别人，但是，因为这件事，我终于发现，自己从来没有发自内心地相信过别人。我稍微想了一下，就发现了很多可以佐证这个可怕假设的证据。比方说，至今为止，我向来都是独立工作，从头到尾都是由自己构思，一切都从零开始。独立工作自由而愉快，但需要投入很多精力。因为我无法相信任何人，所以把这种不信任变成了动力，独立完成工作。只有相信他人，才能把一切交给他人处理。无法交给他人处理，不就代表我不相信别人吗？我对自己引导出的结论感到极度震惊。

回想起来，我在《生活手帖》工作时，即使把工作交给下属，也会逐一确认。这当然是总编辑该做的事，但我觉得自己的确有点过度，可能让对方觉得“总编辑不相信我”。比方说，我以为自己对朋友和家人都抱着“接受对方应该享有自由”的态度，我以为自己不会过分干涉，尊重了对方，但也许在我心灵深处，根本就放弃了相互信任这件事。没有期待，就不会失望。我让对方为所欲为，自认“心胸开阔”。无论在恋爱关系或是亲子关系中，如果不出言干涉、确认就无法放心，不就是因为无法相信对方，怀疑对方所致吗？

进一步而言，我喜欢旅行，喜欢独处，喜欢仔细观察事物。仔细思考后，发现我必须亲眼看、亲眼确认，彻底调查才放心。到头来我只相信我自己——我认为这一切都证明了这一点。

中学时代，同学的妈妈无条件相信我，但我并没有练习相信他人。我在自己内心发现了如此根源性的问题，不禁呆然。

我发现了自己身上关键性的缺失，我终于知道我缺了什么。于是，我得救了。佛教中的“顿悟”就是了解自我。虽然离顿悟还很远，但我把自己的人生拼图上所缺的那一大块拼上了。那个朋友让我发现了自己的问题，我向他道谢。“你简直救了我一命，真的很感谢你。”朋友一脸错愕，但我再度体会到，他是我的好朋友。未来的人生路上，我要努力相信他人。只要不断练习接受他人、相信他人，有朝一日，或许可以相信他人，至少自己会因此发生改变。但是，也许会有无论如何，都无法相信他人的时候，那就把这种不信任化为动力。我在人生路上找到了新的迈步方式，于是，在我周围出现了新世界。

为人生准备许多『救生圈』

为了工作伙伴，为了心爱的人，也为了在未来人生中相遇的人，如果我的地图对各位有帮助，我将感到极大的幸福。

•••

高村光太郎的《最糟也最棒的路》这首诗，及“诚实和亲切”这句话，是我心灵的指南针。有光就有影，无论做任何事，最糟和最棒总是形影不离。对于自己的弱点和缺点，也要像自己的强项和优点一样接受。我认为这就是高村光太郎《最糟也最棒的路》的精髓。前面已经介绍过“诚实和亲切”，用另一种方式表达，就是“带着健全的判断力和良心迈向人生路”。

在人生路上感到迷茫时，我就会想起这两句话。只要有这两句话，我就能够克服困难，可以让心情平静下来。因此，高村光太郎的这两句话是我的心灵指南针，也是我藏在口袋里的“生存地图”，在大海中溺水时的“救生圈”。之前，我都独自划着独木舟出海，所以，把心灵指南针收在胸前的口袋里。一旦独木舟坏了，就可以抱着救生圈活命，独自游泳求生。

但是，我现在并不是坐在独木舟上，而是不知不觉中，和很多人一起坐着大船航海。大家一起航海时，船长必须明确告诉船员目的地，否则，同船的人会心生不安。为了避免发生船难，船长必须了解风向、观察天气。如果是独自出航，只要在口袋里带上自己喜欢的奶酪和苏打饼干就大功告成了，但身为船长和其他人一起出航，就必须带上面包和葡萄酒才能上路。这一阵子，我渐渐认识到，如果只为自己准备地图，恐怕无法在关键时刻解决问题。

身为成年人，必须同时为同船的人准备救生圈。不仅要为自己准备地图，还要准备“救生圈”，以防他人溺水。一旦发生状况，立刻把救生圈交给其他船员——我希望可以按照这种方式继续走下去。我经常提到“诚实和亲切”这句话，因为这就是把救生圈交给他人。但是，我并不会强迫每一个人接受“诚实和亲切”或是“最糟也是最棒”这两个救生圈。每个人产生共鸣的话并不相同，也可以按自己的方式调整，如果发现有完全不同的话更适合自己，也可以用来当作人生的救生圈。我想要表达的是，希望大家从我的救生圈中得到灵感，拥有“自己溺水时的救生圈”——仅此而已。

为了工作伙伴，为了心爱的人，也为了在未来人生中相遇的人，如果我的地图对各位有帮助，我将感到极大的幸福。

大海一定会起风浪，船只也可能会有载浮载沉的时候。因此，在出航时，就要做好会溺水的准备。只要随时带着救生圈，就可以无所畏惧地向大海出发。带上可以在关键时刻救己一命的救生圈，轻松上路吧。

后记

整理身心思绪，练习轻盈

无论上坡还是下坡，尽可能轻装上阵，只带上真正需要的东西。

二〇〇八年七月，我踏上旅途。前往美国约翰缪尔步道（John Muir Trail）。走完耗时约一个月的长距离步道。这是一条位于海拔一千五百米到三千米的高处，鲜少有人进入的健行步道。我在一片大自然中，走向优胜美地溪谷。这是为了《*BRUTUS*》杂志前往该地进行采访，向来不擅长户外活动的我对这次行动兴致勃勃，有很多借口可以拒绝。我可以说自己抽不出时间，对露营没有兴趣，有太多可以逃避的退路。但是，我还是答应了。我决定去约翰缪尔步道看一看。因为我想去见识一下地图上看不到的风景，见识一下只有亲自前往才能感受到的景色，我想邂逅新鲜事。我想要亲眼见识一下。决定这趟旅行后，我花了三个月的时间准备。自己能够扛着走的重量有限。背包里到底该装些什么？首先是换洗衣服、油灯、水、粮食，代替笔记本的数字照相机等，我把绝对必要的物品列成一张清单。其次，我准备了一本厚书，以及漆器碗和汤匙。因为我认为，在大自然中健行，坐下来休息时看看书，一定会有不同的感受。把在铁罐内加热后就食用的汤，装在自己喜欢的漆器碗中享受，和从加热用的铁碗中直接食用，味道完全不同。

事实上，每次吃饭时，木制碗的温暖感受都令我倍感安心。在我带去的行李中，只有这个碗发挥了预期的功能。虽然我费力扛了很多东西，但大部分都没有用到。比方说，走了一天的路，夜幕降临后，根本没力气在油灯下看书，很快就倒头睡着了。原本认为“非带不可”的书，结果一页都没有看，也根本不需要用到油灯。因为无法洗澡，也不能洗衣服，所以，带的好几件内裤都毫无用处。走路时会流汗，内裤黏在身上很不舒服，但在旅途上，经常停下来换内裤很奇怪，也很麻烦。有一天早晨，我没有穿内裤就直接穿上长裤，反而觉得很舒服。那天之后，我就再也没有穿内裤。

最让我后悔“该带却没带”的，是护手霜。由于我平时没有用护手霜的习惯，所以完全没有想到，但在搭帐篷或是攀着岩石走路时，双手变得干涩粗糙，好几次都希望“擦一点护手霜”。原本以为“绝对少不了”的东西派不上用场。像碗这种原本以为“多余的东西”却十分有用，成为我的心灵支柱。平时根本不会想到“到底需不需要”的东西，反而是必需品。这趟旅行让我重新思考“人生旅程的行李”。扛着沉重行李走的健行步道并不是平坦的道路。好不容易爬上坡道，接踵而至的是另一个下坡道。前一刻才为下坡道比较轻松而窃喜，但如果不继续上坡，就无法到达目的地。上坡、下坡，上坡、下坡，一路上都不断重复这个过程。

人生或许就是背着行囊，独自不断地上坡和下坡。我在旅途中想到这件事。所以，即使上坡很辛苦，即使好像一直在走下坡，仍然必须相信，自己在向前走。无论上坡还是下坡，尽可能轻装上阵，只带上真正需要的东西。四十二岁的秋天——我的旅程还没有结束。那你的旅程呢？

松浦弥太郎

新出图证（鄂）字 03 号
图书在版编目（CIP）数据
年轻人，你就是想太多 /（日）松浦弥太郎著；王蕴洁译. — 武汉：长江文艺出版社，2018.7
ISBN 978-7-5354-7641-8

Ⅰ. ①年… Ⅱ. ①松… ②王… Ⅲ. ①散文集-日本-现代 Ⅳ. ① B313.65

中国版本图书馆 CIP 数据核字（2018）第137083号

著作权合同登记号 图字：17-2014-242
KARUKU NARU IKIKATA by Yataro Matsuura
Copyright © Yataro Matsuura, 2008
All rights reserved.
Original Japanese edition published by Sunmark Publishing, Inc., Tokyo
This Simplified Chinese language edition is published by arrangement with Sunmark Publishing, Inc., Tokyo in care of Tuttle-Mori Agency, Inc., Tokyo through Beijing GW Culture Communications Co., Ltd., Beijing.

策　　划：胡　家
责任编辑：聂尊阳　薛纪雨
责任校对：韩　雨
封面设计：仙境工作室
责任印制：张　涛

出版：长江出版传媒 | 长江文艺出版社
地址：武汉市雄楚大街 268 号　　邮编：430070
发行：长江文艺出版社
北京时代华语国际传媒股份有限公司　（电话：010-83670231）
http：//www.cjlap.com
印刷：北京市松源印刷有限公司

开本：880毫米 ×1230 毫米　1/32　　印张：6
版次：2018 年7月第1版　　2018 年7月第1次印刷
字数：96千字

定价：45.00 元

版权所有，盗版必究
（图书如出现印装质量问题，请联系 010-83670231 进行调换）